美国20世纪初叶世博会研究

Research on Early 20th-Century
World Expositions in the United States

魏殿林　著

上海交通大学出版社
SHANGHAI JIAO TONG UNIVERSITY PRESS

内容提要

本书围绕 20 世纪初叶美国在大国崛起的关键时期,如何运用世博会这一和平、开放主题的大国竞技平台,以突破欧洲传统列强的"歧视"与围堵,展示第一工业大国形象、助力其加速发展的历史图景。在美国主办的两届世博会上,它努力呈现出一种面向未来的国家"新形象",塑造科技创新、开放共享的国际"新秩序",这些做法镜鉴了新时代中国所面临的相似环境及我们运用会展平台"讲好中国故事"的对策问题。本书也为上海打造国际会展之都、助力我国树立和平进取的国际形象,从会展策略视角以史为鉴,提出了系统的学理分析和未来建议。

本书适合会展研究者以及从业者参考阅读。

图书在版编目(CIP)数据

美国 20 世纪初叶世博会研究 / 魏殿林著. — 上海 :
上海交通大学出版社, 2025. 5. — ISBN 978 - 7 - 313
- 32724 - 6

Ⅰ. G245

中国国家版本馆 CIP 数据核字第 202509UW14 号

美国 20 世纪初叶世博会研究

MEIGUO 20 SHIJI CHUYE SHIBOHUI YANJIU

著　　者:魏殿林
出版发行:上海交通大学出版社　　　　地　　址:上海市番禺路 951 号
邮政编码:200030　　　　　　　　　　电　　话:021 - 64071208
印　　刷:常熟市文化印刷有限公司　　经　　销:全国新华书店
开　　本:710mm×1000mm　1/16　　印　　张:10
字　　数:150 千字
版　　次:2025 年 5 月第 1 版　　　　　印　　次:2025 年 5 月第 1 次印刷
书　　号:ISBN 978 - 7 - 313 - 32724 - 6
定　　价:69.00 元

序

　　2025，世界处于百年未有之大变局中：以美国为首的"脱钩断链"逆全球化思潮涌动，建立在国际规则之上的开放贸易体系已遭崩塌威胁；俄乌冲突、巴以冲突……世界处于动荡不安之中。但好在大国间的和平仍是主题。如此背景下，各种国际性的大型会展活动对于维系和发展当下国际体系承担着愈发重要的时代使命。可以说，大型会展活动是拼接世界舞台的重要元素，以世博会、奥运会、G20峰会、世界杯等为代表的大型活动（mega-event）隶属于国际性会展活动，这些举世瞩目的大型活动是主办和参与方对外树立国家形象、加强国际交流、建立全球规则或谋取话语权的工具；同时对内部也发挥了凝聚人心、成果共享、促进社会整合与转型发展的现实功能。可见，旨在加强国际经贸、文化交流的大型会展活动，在构建"人类命运共同体"过程中发挥着重要的纽带作用，而这也成为今日中国努力成为全球化新领导者、体现大国担当的关键一环。

　　当下的中国正在以不可阻挡或逆转的趋势回归世界舞台中央，我们以第一工业大国的身份和科技创新、智慧制造为特征的发展态势，成为维护和平与发展的国际格局之中坚力量。这些都离不开对大型会展活动的充分利用和深入研究，如何有效发挥会展作为国际沟通载体和创新传播的功能，是我们学界需要潜心思考的。

　　值得欣慰的是，门生殷林博士在上海大学会展研究院的五年求学与实践基础之上，从大国崛起的视角对20世纪初叶的美国会展史进行了多视角的系统研究。

首先,美国作为 20 世纪举办世博会最多的国家,充分意识到世博会是大国间的重要沟通平台和综合国力的竞技场,也借助世博会为其打造了代表科技与进步的未来山巅之国的良好形象。因此,该书所聚焦的美国 20 世纪世博会,成为我们回溯和再现这一举世瞩目的会展活动和媒介事件所不可或缺的研究样本。

其次,世博会在 20 世纪多元文化加速碰撞、融合的过程中扮演了不可或缺的重要角色,在长达 170 余年的周期性举办历史上,涌现出如繁星般的、推动人类进步的科技发明与创新成果,无疑为和平与发展的时代主题提供了重要支撑和深远影响。通过笔者详实的史料搜集、分类梳理,最终发掘出前人未曾关注的世博会对美国近代崛起所发挥的助力作用,能够一定程度上镜鉴与今日近似的国际环境下,在相对和平而又暗流涌动的世纪之初,会展所扮演的助力大国崛起的历史角色,期待此书能为会展学与国际史同仁们提供一些有益的启发。

于上海会展研究院

前　言

　　在美国新孤立主义复燃的"逆全球化"危局下,中国提出并肩负起"构建人类命运共同体"的新时代全球化目标与责任,抓住了以奥运会、世博会、G20峰会等为代表的全球性重大活动(mega-event)机会来加强国际交流与展示大国形象。但在当前大国博弈逐渐加剧的背景下,特别是应对"脱钩断链"等美国为首的西方国家带有敌意的挑战,如何运用好这些具有较高社会关注度与国际传播价值的大型活动事件,争取国际话语权和全球事务的议程设置主动权,学界有必要以史为鉴,更细致深入地研究诸如美国等大国成功崛起过程中所运用的会展沟通策略,为构建有利的国家形象与国际交往环境提供关键助力。

　　当下历史学的学术兴趣日趋广泛,跨学科融合倾向日渐显著,总的趋势是试图揭示人类"世界的合作沟通机制,回答社会是如何运行的问题。"①本书尝试以美国 20 世纪初叶的崛起及其带来的国际关系格局变动,特别是美国相对于英国所代表的欧洲传统霸权的地位消长过程作为研究样本,从国际沟通与合作视角解读国家间交往,集中思考国家话语主体通过国际会展平台与"他者"的沟通、合作与博弈机制,以及国际会展活动对国家关系的建构作用,希望将会展沟通的功能研究进一步深入国家战略层面,探讨大国崛起过程中运用会展沟通工具的历史必然性,开拓会展活动的一种国际史、传播史的相关研究维度。

　　在研究对象的选取上,首要考量因素是历史语境。20 世纪经常被称为"美

---

① 吴飞.何处是家园[J].新闻记者,2014(9):40-47.

国世纪"。其中作为大国崛起形成霸权的过程,集中发生在 20 世纪上半叶。史学界将之称作美国霸权的崛起时期。其开端的标志是 1898 年美西战争胜利、提出对外扩张的"门户开放"政策;其结束标志是 1945 年第二次世界大战胜利,美国通过雅尔塔体系、布雷顿森林体系确立了由其主导的现代世界政治经济秩序。

本书选取了 20 世纪初叶 1900—1917 年美国正式参加一战前的这段会展史,不同于以往新旧世界霸权之间以军事对抗为最终形式的权力转移,20 世纪初叶的国际秩序还是以和平竞争为主的。该时期的美国虽然从 19 世纪 70 年代伊始就已是第一工业大国,但此时还游离于传统欧洲列强把控的世界秩序边缘,十分渴望展示"山巅之国"的国家形象,塑造有利于制造业的国际合作新秩序,进而争取国际话语权,所以美国这段时期积极参加或主办国际性会展活动,希望通过和平博弈手段来实现战略崛起的目标,避免与英国的守成霸权发生军事冲突或殖民地争夺。据此,本书以国际会展活动在现代国际秩序更替、权力中心转移过程中所扮演的角色及其功能机制为核心问题,重点讨论美国崛起的最初阶段为什么特别重视会展活动,始终将其作为实现国家战略的主要工具;深入考察在当时历史条件下,美国如何通过会展平台来加强国家形象建构,助力大国崛起。

研究的主线是结合美国走上国际舞台中央之前的历史语境,综合分析作为沟通主体的国家选择会展手段的理由及其沟通效果,主要观点体现在两个方面。

一是在美国崛起的初期阶段,在一战前的国际环境相对和平稳定的历史条件下,会展活动扮演了不可或缺的重要角色。即自 20 世纪开始至 1917 年美国参加一战。这一时期的主要沟通对象是欧洲,它召开了两届堪称 20 世纪上半叶最成功的世博会:1904 年圣路易斯世博会和 1915 年巴拿马世博会,目标是扩大海外扩张,回应国内的孤立主义民意,策略重点是通过展示创新塑造世界发展与繁荣中心的国家形象,确立其作为第二次工业革命领导者的身份。

二是美国案例为大国崛起提供了一种新的范式,即通过会展活动等和平方式,形成国际关系和世界秩序的体制化、机制化主导权。会展沟通活动的国际关系建构功能,成为本书持续关注的焦点,具体体现在以下几个方面。

（1）世界历史进程表明，国家间交往的规模和层次呈现升级扩容趋势，从形式相对单一的双边贸易往来、主权冲突甚至军事对抗，过渡到形式日渐丰富的政治、经济、社会、文化多边交往、和平交往新阶段。

（2）近代以来的会展活动顺应了这一发展趋势，作为一种包容性强、容易掌控、更具可谋划性和弹性空间的国际沟通方式而愈受重视。一段时间内，欧美各国争相办会办展的历史记录，反映了国家间为避免代价巨大的战争手段所表现的现代智慧，彰显了人类文明在沟通手段与竞争方式上的历史进步性。

（3）会展平台的国际沟通、关系建构、权力博弈等功能，体现了现代世界沟通交往的模式创新，也是国际社会不断发展壮大和全球化不断加速的一种现实需要：从物质生产领域，扩展到国际话语权、影响力、关系网络节点等沟通交往领域。国际沟通交往走向多元化、符号化、全方位。

（4）重视会展活动是美国近代崛起的战略选择。这是一种建立在综合国力基础上的选择，旨在获取国际话语权，不断扩大沟通交往，形成有利于自身发展的体制机制。其间在承担国际责任上或积极或消极地左右摇摆，与美国的"天命论"思想和孤立主义政策传统等主观因素密切相关，但至多影响到会展沟通的具体形式，并没有影响到重视会展活动的选择本身。

综上所述，美国崛起过程中对会展活动等沟通手段的高度重视和自觉运用，体现了会展活动的沟通协商功能、关系建构功能以及现实影响力和历史推动力。美国政府一方面通过重在国内建设的世博会来凝聚共识、激励创新、提升产业竞争力乃至科技、文化等综合国力，加速了世界经济中心的转移；一方面通过国际性展会窗口，面向欧亚大国展示新兴的大国形象，有效推进了英美之间的霸权转移。

目　录

绪　论

一、问题的提出：
美国崛起所面对的挑战及其国际会展沟通对策

（一）国际会展活动的传播研究视角：以美国崛起为样本的多维度考察

当下传播的学术兴趣日趋广泛，日益呈现跨学科的融合趋势，诚如杜俊飞教授所言，未来将进一步"开放学科大门，将传播研究回归到一个多学科融合的场域，……因为人类的互动行为永恒"[①]；学术研讨更侧重分析复杂符号互动环境下的双向沟通机制，回归到社会科学对人类交往现象研究的本位，正如吴飞教授认为：传播学是"试图揭示生命世界的合作沟通机制，回答社会是如何运行的问题。"[②]从这一视角延伸，国家身份主体作为国际关系网络中的一员，相互之间的会展交往活动也可从国际合作与沟通的传播视角加以解读，从而生成了基于传播社会学视角考察国际会展的一种学术维度。本书将其作为一种理论切入点：从"交往"的视野来理解和重建全球历史，因为"在人类历史上处于中心位置的，是各种相互交往的网络"[③]；而聚焦到美国崛起带来的国际关系网络变动及其相对英国所代表的传统欧洲霸权的地位消长，自然也伴随着与"他者"或称为权力竞争对手的沟通、合作与博弈之过程，国家话语主体间的关系结构从而得以建构和发展，会展沟通的功能研究也进一步深入国家战略层面。

---

① 杜俊飞,周玉黎. 传播学的解放[J].新闻记者,2014(9):33-39.
② 吴飞. 何处是家园[J].新闻记者,2014(9):40-47.
③ 约翰・麦克尼尔,威廉・麦克尼尔. 人类之网:鸟瞰世界历史[M].王晋新,宋保军,等译.北京:北京大学出版社,2011:3.

华勒斯坦认为,要"将时间和空间当作对我们的分析具有建构作用的内部变量"①。基于这个标准出发,以美国崛起为对象的会展传播研究,其发展变化的时空条件界定是明确的:美国进入20世纪后开始加速对外扩张,并在20世纪中叶成为"有史以来唯一集军事霸权、金融霸权、技术霸权、经济霸权、文化霸权、人才吸纳中心等于一身的综合性霸权"②。这一历史过程集中发生在20世纪的前半段,其开端的标志是1898年美西战争胜利,美国从传统欧洲帝国西班牙手中夺取菲律宾,进而走上全球扩张之路,再经参加两次世界大战获得重构欧洲秩序的话语权,直到1945年第二次世界大战结束通过雅尔塔体系、布雷顿森林体系确立了由其主导的现代世界政治经济秩序为止,史学界常将这半个世纪称为美国霸权崛起时期,而它在这一关键时期对会展工具的选择有其历史必然性。

回顾美国登上世界霸权的历程,20世纪初叶是一个关键时期:当时的美国仍深受孤立主义传统的影响,坚持尽量避免卷入欧洲纷争的国策,基本上是以欧陆文明"化外"之民的身份登上国际舞台的;在遭遇列强抵制的"威胁论"等"崛起困境"中③,美国希望妥善地处理好同英、法、德、日等新旧强权间的关系,避免代价高昂的军事挑战和超越自身能力的政治对抗,开始就以相对柔性的国际竞争方式——国际会展为平台,积极参与、努力学习并尝试重构国际规则,最终成功实现了国内基本未遭受战火洗礼的"和平崛起";当其争取国际话语权、提升国际地位时,常以侧重谋求经贸实利与政治协商等和平方式来达成目标。有学者称之为美国寻求建立了一种不同于欧洲传统军事征服和殖民方式的"制度霸权":这种霸权实现了"美国治下的和平",是"以制度与权力相结合为核心的和平",④以其强大的国力作为支撑和制度保障,并不谋求欧洲式的直接殖民统治,而是注重制订、维护服务于国家利益及美国化色彩的国际秩序来为其维系霸权提供更稳定、持久的资源和动力。因此,20世纪初的美国虽未获取一块

---

① 华勒斯坦. 开放社会科学[M].刘峰,译. 上海:上海三联书店,1997:82.

② 布热津斯基. 大棋局:美国的首要地位及其地缘战略[M].中国国际问题研究所,译.上海:上海人民出版,1998:32-33.

③ 崛起困境是指随着崛起国实力的迅速增长,该国对外部世界影响所产生的反弹力度在不断增大,其面临的国际体系压力也迅速上升。转引自:阎学通,杨原.国际关系分析[M].2版.北京:北京大学出版社,2013:20.

④ 门洪华.霸权之翼:美国国际制度战略[M].北京:北京大学出版社,2005:304.

新的海外殖民地,但却从远离欧亚强权博弈中心的边陲之地步步为营,最终建构起以美国为中心的"新世界秩序"。

那么,这一历史过程有不同于以往世界霸权竞争的独特手段与崛起路径,如何用和平方式重构国际秩序必然成为美国崛起时须着力解决的主要问题,这就需要依托一种服务于国家对外交往与权力博弈的沟通平台才能最终实现。其中,参加或主办各类国际重大会展活动自然成为美国施展话语力量、获得列强认可、建构新秩序的战略工具。因此,本书的视角聚焦于助力大国崛起的和平手段——国际会展活动,研究代表性的国际重大会展活动如何以国力展示、和平竞争的方式推动并形塑"美国世纪"的到来,从而为今天中国的和平崛起之路提供历史借鉴。

历史证明,和平竞争的发展战略是收益比最高的大国崛起之路。首先,大国崛起建立在世界对其实力认可的基础之上,美国 1870 年代超越英国成为工业第一大国后,就积极参与并 7 次申办综合国力竞技的新舞台——世博会,以展示其强大的工业生产能力和科技创新力,借机大力拓展海外贸易,树立新兴工业强国的形象,在经济文化领域逐渐为传统列强所重视;其次,新霸权的崛起也意味着旧霸权的衰落,国际关系学者曾统计了历史上 12 次霸权转移过程,认为只有 4 次新旧霸权之间是以和平方式实现的,而 20 世纪的英美霸权交接就是其中之一:英美在多次国际重大会议上对美国提出的门罗主义、门户开放等关键外交议题上都采取了合作态度,有力提升了美国运用制度工具的成效;再次,虽然美国 20 世纪参加了两次世界大战,但均未在北美洲本土进行[①],且皆是中后期才介入的,而在此基础上的威尔逊主义国际理念,为美国在战后参加大国博弈、制定新世界秩序提供了道义支持,推进了制度型霸权的建立。

可见,20 世纪初叶的美国通过多次主办世博会是其从经济、科技角度开始发力的,通过这一展示窗口建立了代表新兴生产力和工业强国的国家形象。而作为建立制度型霸权体系的关键因素,美国侧重于用科技、经济等非军事手段来构建新兴国家形象,不仅是一种代价最低的国力博弈选择,也为其确立现代式霸权找到了一条更加文明和容易达成的全球共识之路。可以说 20 世纪初叶

---

① 仅于 1941 年 12 月 7 日在太平洋上的领土夏威夷军港等岛屿遭受日本偷袭轰炸。

基于世博会来展开的和平竞技与国家形象建构方式,是一个助力美国登顶的不可或缺的铺垫阶段。而这些国际会展活动也因此具有了权力加冕的仪式色彩,成为美国崛起之路上的坚实足印;而且,还反映出它注重对话与沟通、传播开放式国际主义理念的国家战略,这对于今天倡导和平崛起的中国而言仍具有现实的借鉴意义,从 2008 年北京奥运会、2010 年上海世博会之后的中国国际形象变迁足见其产生的深远影响力。重视国际会展活动是美国式发展理念及其外交传统应对国际竞争格局变迁等多因素作用的结果,也体现了美国崛起进程中的国家智慧。那么,究竟为何选择并如何运用这些战略工具来实现国家崛起的目标呢? 其中的演进规律及历史表征正是本书将要聚焦、研究的论题。

(二) 美国 20 世纪前的国际会展活动史:相比欧洲的先天劣势与重视态度

回顾美国参与国际会展活动的历史,它态度积极、获益良多,这与其发展路径、民意基础及其国家战略密切相关。

首先,美国参加国际会展活动与欧洲列强相比有较为明显的先天劣势。由于地处大西洋"孤岛"的美洲大陆远离国际交流活动最为密集、频繁的欧洲和欧亚列强争霸的角力中心地区,这就使美国更易形成孤立主义的对外政策传统,在参与国际政治事务上态度相对保守,导致它在建国后直到 19 世纪极少主办或参加多由欧洲组织的国际政治性会议,例如缺席了 1814 年的维也纳会议①

---

① 维也纳会议是 1814 年 9 月 18 日到 1815 年 6 月 9 日在奥地利维也纳召开的一次欧洲列强的外交会议。会议目的在于重划拿破仑战败后的欧洲政治版图。会议确立了重建欧洲秩序和外交规则的三个原则,即补偿原则:重整版图的过程中失去领土的国家及在对拿破仑力战有功的国家均给予补偿;势力均衡原则:确保在重整欧洲版图的过程中无一国家可取绝对的优势以如拿破仑般主宰欧洲;围堵法国原则:增强法国周边国家的力量,以围堵法国防其扩张。这一条导致了一个欧洲协调会议系统的建立和后来许多会议的召开。其中最主要的会议有四个,分别为 1818 年的亚琛会议、1820 年的特拉波会议、1821 年的莱柏克会议以及 1822 年的凡罗拿。会议建立欧洲协调的合作常规架构、废除奴隶买卖、开放国际河流皆对重建和平及欧洲社会之进步有所贡献,之后基本在近一百年(从 1818 年到 1914 年)中没有发生席卷整个欧洲的战争。

(Congress of Vienna)、1856 年的奥地利会议①、1878 年②及 1884 年的柏林会议③等构建国际秩序的一系列重要场合,甚至直到一战获胜后威尔逊总统参加巴黎和会之时,才开启历任最高领导人走出国门参会之先河;同时,在参与以经贸为主题的国际展览方面它也存在先天劣势:一是远赴近代国际展览活动的中心和热点地区——欧洲参展的交通和物流成本较高;二是地理偏远决定了它更倾向于自主举办各类展览活动,虽然冠以国际之名,但这些国际展览实际上更多地专注国内建设,尤其是欧洲国家的参与度也较低,更难获得期望的国际影响力和话语权。

其次,美国是出于国家战略的主动谋划、积极地克服各种沟通阻碍才从国际会展活动中最终获益的,取得成就来之不易。对照前述美国的地理条件、参展和参会成本等先天劣势,它在寻求拓展对外经贸通道、获取海外商业利益的机会面前更为迫切,希望通过发掘国际会展的沟通平台功能,大力发展会展业来满足不断扩大的全球交往需求。因此,19 世纪中叶开始的 50 年间,美国共召开了 3 届世博会,且参加了几乎全部的欧洲举办的世博会。尤其是 19 世纪80 年代美国经济总量跃居世界第一,1894 年工业产量也在超过英国居首之后,又组织召开了芝加哥世博会(1893 年),被誉为"美国历史上的一座分水岭",向世界宣告美国成为世界第一大国,在科技与经济上已经能与欧洲传统强国并驾齐驱了。但这一时期相比处于"无国无会、无年无会"的欧洲,美国更多扮演了

---

① 1856 年 2 月 25 日起,克里木战争交战国英、法、撒丁、土耳其与俄国以及和议发起者在奥地利举行会议,后因讨论黑海海峡问题又邀请 1841 年《伦敦海峡公约》签字国之一普鲁士参加。3 月 30 日签订《巴黎和约》,和约规定欧洲列强正式承认土耳其为"欧洲协调"的一国,多瑙河上贸易航行完全自由,对一切国家开放,并由英、俄、法、奥、普、撒丁和土耳其组成"欧洲多瑙河委员会"来保证这一规定的执行。《巴黎和约》的签订打击了俄国通过黑海海峡向南扩张的企图,使英、法两国在奥斯曼帝国境内建立了自己的优势,土耳其则沦为被半殖民化境地。

② 此处柏林会议(德语:Berliner Kongress)是指 1878 年在德国柏林举行的会议。与会国包括欧洲强国与奥斯曼帝国。在俄土战争(1877—1878 年)后,强国希望重建巴尔干半岛的秩序。因此,德国首相俾斯麦代表德国举行会议,邀请各国出席,以平衡英国、俄罗斯与奥匈帝国的利益。

③ 此处柏林会议是指 1884 年 11 月 15 日由德国首相俾斯麦主持,在德国首都柏林举行的列强瓜分非洲的会议。西方列强划分了在非洲中部的势力范围,确定了在非洲拓展殖民地的共同准则,从此掀起瓜分非洲的高潮。美国虽然参会但未尝获得殖民地等实质性利益,它宁愿这一富饶的地区控制在力量较弱的比利时手中,法、德、美几大国在刚果问题上基本一致的态度,使英国不得不宣布放弃英葡条约。柏林会议后,欧洲列强瓜分非洲的步伐大为加快。1876 年,欧洲列强仅占有非洲土地的10.8%,1885 年增加到 25%,柏林会议后的 1900 年更猛增到 90.4%。到 1912 年,非洲大陆已全部被瓜分完毕。

积极参与者的从属角色:美国仅举办了 3 次世博会,而其他世博会均在欧洲举办,共有 10 次,其中法国及其首都巴黎才是 19 世纪举办世博会次数最多的国家和城市,共有 4 次(1855 年、1867 年、1878 年、1889 年)。

(三)美国进入 20 世纪的国际会展活动史:进一步重视发挥会展战略功能

美国进入 20 世纪加速对外扩张阶段后,如何解决好大国崛起的关键问题是避免直接陷入与欧洲传统列强的对抗、相对低成本地获得国际认可及地位权益,这就必然要依托服务于国际交往与权力博弈的沟通平台才能实现。因此,参加或主办各类国际重大会展活动自然成为美国施展话语力量、寻求认同、建构新秩序的战略工具。

首先,国内强大的孤立主义传统使美国在 20 世纪初叶走上扩张之路,开始介入欧亚事务时往往持回避态度,更多地诉诸商业争霸和经贸扩张等和平方式。华盛顿等开国元勋对避免卷入欧洲纷争的政治"遗训"和治国告诫在美国精英和民众中依然具有深远而广泛的影响力,即使 20 世纪历任有全球战略抱负的总统在主导外交政策时也往往受体现民众保守意志的国会制肘。而利用世博会等大型展览活动是推动对外扩张、获取战略利益又避免引发抵制的有效折中办法。美国也充分认识到国际展览对加速国内建设、展示国家实力、塑造国际霸权形象的战略意义,因此成为 20 世纪主办世博会次数最多的国家。

其次,在国际问题上美国如何妥善处理与英国霸权、新兴的德国和日本等强权间的关系,赢得有利于国家发展的外部环境,是它要慎重解决的外部矛盾;也是它志在夺取国际话语权、将以欧洲为权力中心的世界逐渐改造为美国主导的世界的必要手段。同期崛起的德国因该问题上处理不善而遭遇了既有霸权国——英国主导下的全面抵制,最终选择军事对抗的强硬路线而被阻断了崛起进程;相较而言,美国的成功崛起一定程度上是善于利用已有的国际规则和各类对话平台,强调大国合作、构筑利益共同体以减轻外部压力,而非急切地挑战霸权和颠覆既有体系,逐步将强大的国家实力转化为政治军事话语权,最终建构由它主导的国际制度与新的秩序框架。

上述国际展览与会议的战略功能具体表征在美国崛起所遭遇的一系列国内外挑战的应对过程当中,也成为本书的研究主线及样本来源。

二、样本选择：20 世纪初叶的美国崛起过程及其国际会展活动

　　阎学通教授认为，大国崛起普遍包含四个阶段：准备期、发展期、起飞期、冲刺期，崛起大国在不同发展阶段所面临的主要外部困难不同，要以不同战略应对。审视美国建国以来的崛起之路，以 20 世纪为界可以分为前后两个阶段：从建国到 19 世纪中叶南北内战结束，美国通过西进运动加速拓展疆界，并以南北内战理顺了阻碍推进工业化的主要矛盾，为崛起做好了客观条件和制度上的准备；内战结束的 19 世纪 70 年代开始，迅速完成工业化，工业产值超越英国成为世界第一，急剧扩大的市场规模和国力基础使其进入崛起的高速发展期；19 世纪 90 年代以后几次短暂的经济危机集中地反映了国家进一步发展所遭遇的瓶颈，刺激了向外扩张的野心，因此在力量迅速壮大的工商企业界推动下，美国加速走上对外扩张之路。在 1898 年美西战争获胜后直到一战前的"进步时代"，可被视为它争夺世界霸权的起飞期；从 1917 年美国正式参加一战伊始，历经二三十年代经济大萧条、1942 年参加第二次世界大战等数次重大历史考验，美国在经济、科技、文化、军事、政治各领域逐次全面超越欧洲，直到第二次世界大战获胜确立世界霸权，两次世界大战期间可以说是美国挑战欧洲秩序、夺取世界霸权的冲刺阶段（见图 0 - 1）。

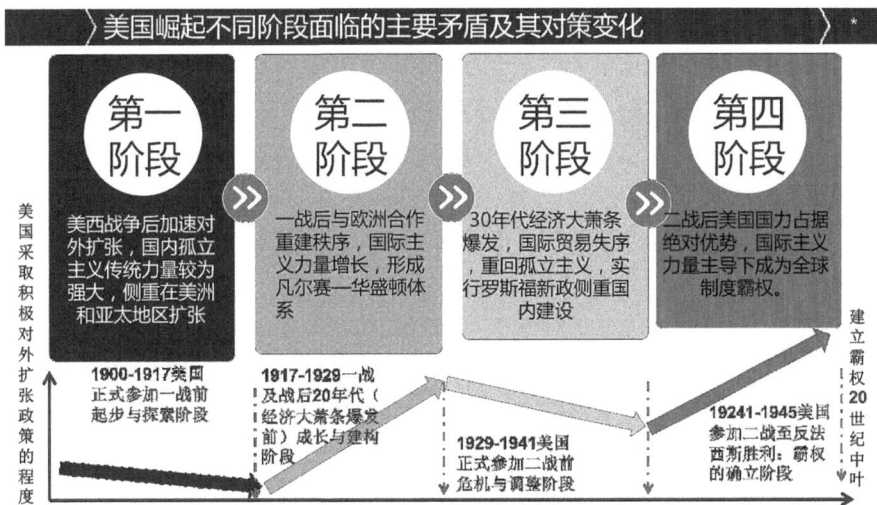

图 0 - 1　美国 20 世纪上半叶崛起的历史阶段划分及其特征与对策

基于国内外学者的不同历史划分视角和形成的大致共识,本书聚焦从美国进入 20 世纪到它参加第一次世界大战前举办的两次世博会,即圣路易斯世博会和巴拿马世博会作为主要的研究对象。这一期间,基于建构新型国家形象的战略意图而主办的两次大型国际会展活动成为美国崛起之路上的关键节点,折射出其在相对和平的历史情境下应对主要矛盾的政策变化与国家智慧。其主要特征如下。

从 20 世纪之初到 1917 年[①]美国放弃一战"中立"政策、介入欧洲战局之前,它仍处于关注国内发展为主与积蓄争霸力量的阶段。这一时期的美国处于所谓的"进步主义"时代[②],内部环境是进入垄断资本主义阶段的经济结构转型与升级加速,大企业集团力量迅速壮大。但 19 世纪 90 年代经济危机频发,导致国内劳资阶级矛盾激化,需要通过对外扩张以获取海外利益来转移内部矛盾。另一方面孤立主义传统影响下的主流民意仍主张继续奉行经贸扩张政策,反对采取欧洲传统的军事征服与殖民争霸方式;而且,外部环境面对着欧洲尤其是英国霸权的敌意和抵制,担心这一新兴强国颠覆既有秩序。这种内外交困的局面使美国更倾向于延续传统,奉行政治上保守与经济上积极扩张并举的外交路线,如通过主办两届世博会(1904 圣路易斯、1915 巴拿马)旨在从经济、科技、文化领域谋求实利,对外塑造进步与繁荣的国家形象,尽量避免在军事、政治力量薄弱时期遭遇国际抵制,因此其扩张目标也主要局限在建立美洲霸权和开拓亚太市场方面。美国一方面旨在通过这一展示窗口向世界呈现其强大工业与科技创新实力、拉动国内经济建设,并积极邀请美洲诸国和东方的中国、日本参展,推行自由贸易制度框架下的经贸全球扩张战略,并提出"门户开放"政

① 以 1917 年为分界的代表学者及著作包括:艾伦·布林克利(Alan Brinkley).美国史[M].邵旭东,译.海口:海南出版社;Lewis L. Gould 在著作 *The Progressive Era* 中将"进步时代"界定为从 19 世纪 90 年代的经济危机末开始至第一次世界大战结束的这段时期;David A. Shannon 在著作 *Twentieth Century America* 中将对进步时代的考察定位在 1900 年至 1917 年,而国内学者王绍光在著作《美国进步时代的启示》中,将研究时段设定在 1880 年至 1920 年。虽然存在具体年份差异,但国内外主流学者对这一时期美国发展主线的看法是一致的:从 19 世纪末到美国正式参加第一次世界大战为止。

② 这一时期美国不仅实现了由农业文明向工业文明的过渡,还实现了由自由资本主义向垄断资本主义的重要过渡,进入了资本垄断的时代。工商业利益集团势力发展最为迅猛,与其他利益集团相比居于美国社会政治经济生活的主导地位;美国政府特别是联邦政府层面在规模、结构和功能等方面大大加强,从而在推动美国经济增长和对外扩张方面发挥了至关重要的作用。转引自:张爽.美国崛起之政治经济学分析 1865—1945)[M].北京:时事出版社,2012:128.

策;另一方面,在政治军事上则秉承不卷入欧洲纷争的孤立主义外交传统,但在欧洲力量薄弱的亚太地区则发动了 1898 年对衰落大国西班牙的战争,借机夺取大片西属殖民地,成为全球扩张的起点。"美西战争"的胜利标志着美国开始登上世界争霸舞台,以践行门罗主义为原则,着手建立控制美洲、争夺亚太的地区性霸权。

但其政治、军事力量相比欧洲列强仍有不小差距,因此在传统的争霸规则与世界格局中尚处于国际话语权弱势时期。与同期崛起的德国、日本重视军事力量建设相比,美国仍处于"进步时代"的侧重国内建设与经贸扩张的发展轨道上,并逐渐显示出独特的发展思维和崛起路径,尤其是两次重点针对美洲及亚太地区的世博会大获成功,为其推进欧洲以外地区的扩张政策奠定了坚实基础。

三、文献综述

(一) 世博会与国际会议

1. 国外会展史研究

作为一种近代出现的新兴事物,世博会从诞生之初就吸引了众多研究关注,对于世博会的记载与研究几乎与此同步,从史料档案到人物传记,从政治、外交、法律视野到经济、技术、制度领域都有涉猎,从通史到专题研究,从面到点,可谓系统而全面,为本选题的推进提供了丰富的研究基础。从国际展览局(Bureau of International Exposition,简称 BIE)官方网站的网络图书馆文献信息中,我们可以了解到从首届伦敦世博会至今的详细文字资料。

首先,从世博图书著作上看,内容包罗万象,种类全面丰富,从历史、科技、文化、建筑等方面进行知识介绍,再到各类信息资讯、游览商务、文明礼仪等方面的培养教育。20 世纪 70 年代关于世博会研究的著作开始集中出现,其中比较有代表性的包括:1973 年哈罗德与理查德(Harold M. Mayer and Richard C. Wade)合著的 *Chicago:Growth of a Metropolis* 以及卡尔(Carl W.)1974 年出版的 *Chicago 1930—1970:Building,Planning,and Urban Technology*,两本著作从城市规划设计和城市建筑的视角着力探讨了世博会与芝加哥城市发展的关系问题;而世博史及其文化研究的著作则以约翰·阿尔伍德 1977 年撰写的 *The Great Exhibitions*(《伟大的世博会》)为代表,有学者考证这是第一部以世博会为专题的历史性著作[①],本书通过详细阐释世博会在世界文化发展中的作用和意义,推动了世博专题研究领域的形成[②]。

发展到 20 世纪 80 年代,世博会的文化研究视野进一步拓展,研究问题也更加细化:伯顿·本尼迪克特等 1983 年所著的 *The Anthropology of World's Fairs* 将世博会视为一种重大的社会文化现象,从文化人类学的视角审视世博会推动文明传播、演化的功能;罗伯特·W.里德(Robert W. Rydell)1984 年出版的 *All the World's Fairs*:*Visions of Empire at American International Expositions*,1876—1916 专题阐释了美国世博会中存在种族主义歧视的现象,后来他又编撰了 *The Books of the Fairs*:*Materials about World Fairs*,1834—1916,系统梳理了 1834—1916 年间世博会所有的内容,并成立了史密森研究院图书馆(Smithsonian Institute),为世博研究的系统化奠定了坚实基础;1988 年塞缪尔·L.高顿伯格与 F.B.史密斯(S.L.Goldberg,F.B. Smith)合著的关于世博会对国家文化宏观影响的专题研究:*Australian Cultural History*:*Festivals of Nationhood*:*The International Exhibitions* 深入分析了世博会对现代民族国家意识形成的建构功能。

而到了 20 世纪 90 年代,世博会的相关著作进一步提升了其理论视野,注重将世博会与宏观的社会文化背景或历史变迁相联系。较有代表性的如保罗·格林翰(Paul Greenhalgh)所著的《瞬间回望——世界博览会(1851—1939)》由美国芝加哥大学出版社于 1991 年出版,以英、法、美三个工业强国举办的世博会为中心,从文化社会学的视角,展开横向和纵向的比较,对世博会的起源和发展、世博会与大众社会、帝国主义、国家形象等的关系问题进行了专题讨论。其研究超越了事实现象的描述,深入到考察博览会所涉及的种族、民族主义、艺术潮流等方面,是国外世博研究著作中较有深度的代表作;而约翰·E.

---

① 张敏,翁婷瑾. 为中国学派探索学术路径——世博会交往研究综述[C].中国会展经济研究会论文集,2012.

② 潘海林.“一个世纪的进步”——1933 年芝加哥世博会主题表达的研究[D].上海:华东师范大学,2007.

菲德林与金伯利·D.彼勒等 1998 年合著的 *Historical Dictionary of World's Fairs and Expositions* ,1851—1988,更是跨越了近代史和现代史,完整地介绍了 94 届世博会的详细发展历程,是介绍世博史最为完整的著作;在世博会的具体文化表达与传播手段研究上,1999 年出版的 E.A.赫曼(Elsbeth·E. Heaman)的 *The Inglorious Arts of Peace*:*Exhibitions in Canadian Society during the Nineteenth Century*、朱利·E.布朗的 *Contesting Images*:*Photography and the World Columbian Exposition* 和埃里克·布赖特巴特 *A World on Display*:*Photography from the St.Louis World Fair* 1904 等书,都从文化人类学的角度分析世博会展品的展示目标及其重视具象的视觉传播的表达方式;皮特·沃格(Peter Vergo)1989 年编撰的论文集在"Education, Entertainment and Politics:Lessons from the Great International Exhibitions"一文中则将当代博物馆的功能同世博会的教育使命联系起来,讨论了美国筹办 1893 年芝加哥世博会所建设的"白色之城"和"米德街"对美国文化发展史的深远影响。[①] 总的来看,国外世博史研究涉猎学科较广,学者普遍肯定世博会推动近代技术与社会发展的进步意义,但目前尚未发现有基于国家崛起及外交沟通的视角对美国世博史的系统梳理。

国际会展活动中主要包括侧重产业经济、文化交流的国际展览和政治、军事议题的国际会议两大类,但就美国主办、参加的国际重大会议活动而言,国外学界并未形成一个专题研究领域,更多的是散见于美国外交史研究领域等相关著作中。因此,就会展史专题研究来讲,美国崛起历程中的一系列重大国际会展活动,尤其是世博会和国际政治会议的宏观战略分析方面,国外尚未形成系统的理论体系和成熟的理论模式,而是分散于美国史和国际关系史的会展案例当中。这个相对薄弱的领域正是本书聚焦的选题,意在专题性地从会展沟通的视角,探讨美国成长过程中如何运用国际展览与政治会议作为战略工具助力国家崛起。

2. 国内会展史研究

国内的会展研究起步较晚,但已初步形成了一个专题领域及学者群体,国

---

① PETER VERGO. The new museology,ed. Peter Vergo[M].London:Reaktion Books,1989:74 - 98.

际展览史研究主要包括马敏①、虞和平②、赵佑志③、乔兆红④、洪振强⑤、罗靖⑥、王水卿、沈惠芬⑦等。该领域中关注国际展览尤其是世博会的相对较多,如从国际关系视角的展览研究者主要有单书波⑧、吴海龙⑨、杨洁勉⑩等,而国际会议的研究者较少,主要是集中在史学界和外交学界,将一些重大国际会议自然而然地视为影响国际关系或国家发展过程的典型样本来进行史学考察,但并未独立于史学和外交学思维模式,从会展活动自身特点的视角来进行解读。

1)国际展览及世博史研究

在国内展览史研究的专题领域,华中师范大学的马敏教授是开创性的代表学者,他将中国博览会事业的发展归纳为一个"炫奇""邦交"到"商利""文明"的认知深化过程⑪;他还将近代中国纳入考察视野,对清政府受邀和观摩西方国际展览活动的情况统计列表(见表0-1),在中西经济文化交流上系统分析了国际展览活动所发挥的引介、提升作用。⑫

表 0-1　清末受邀或参加的国际展览活动(1866—1911)⑬

编号	博览会名称	主办国	城市	时间
1	法国巴黎万国博览会	法国	巴黎	1867
2	英国伦敦万国博览会	英国	伦敦	1870
3	奥国万国商品陈列工会	奥国	维也纳	1873

---

① 马敏.中国近代博览会事业与科技、文化传播[J].历史研究,2004(2):98-117.

② 虞和平.商会与中国早期现代化[M].上海:上海人民出版社,1993.

③ 赵佑志.跃上国际舞台:清季中国参加万国博览会之研究(1866—1911)[J].台湾师范大学历史学报,1997(6):1-6.

④ 乔兆红.商品赛会与湖北早期现代化——以武汉劝业奖进会为中心[D].武汉:华中师范大学,2000.

⑤ 洪振强.民族主义与近代中国博览会事业[D].武汉:华中师范大学,2006.

⑥ 罗靖.近代中国与世博会[D].长沙:湖南师范大学,2009.

⑦ 沈惠芬.晚清海关与国际博览会[D].福州:福建师范大学,2002.

⑧ 单书波.公共外交视角下的中国世博外交[D].上海:上海师范大学,2010.

⑨ 吴海龙.中国世博外交:经验和创新[J].国际展望,2010(06):1-8+121.

⑩ 杨洁勉.世博会与中国国家形象塑造[D].上海:上海社会科学院,2008.

⑪ 马敏.中国近代博览会事业与科技、文化传播[J].历史研究,2004(2):98-117.

⑫ 马敏.中国走向世界的新步幅——清末商品赛会活动述评[J].近代史研究,1988(1).

⑬ 资料来源:《外交档》,《各国赛会公牍》,01—27—1—1,01—27—1—2,《各国赛会公牍总目》转引自:马敏.中国走向世界的新步幅——清末商品赛会活动述评[J].近代史研究,1988(1).

（续表）

编号	博览会名称	主办国	城市	时间
4	美国定鼎百年纪念费里地费万国赛奇会	美国	费城	1876
5	法国各国炫奇会	法国	巴黎	1878
6	日本长崎博览会	日本	长崎	1879
7	英属新金山兴起赛会	英属澳大利亚	墨尔本	1879
8	德国京城河海捕鱼赛奇会（第二届）	德国	柏林	1880
9	德国韩卜城过高牲畜赛奇会	德国	汉堡	1882
10	美国波士顿技艺赛会	美国	波士顿	1883
11	英京万国渔户器具赛奇会	英国	伦敦	1883
12	和国雅摩斯德尔登万国炫奇会	荷兰	阿姆斯特丹	1883
13	英国苏格兰城栽种赛会	英国	苏格兰城	1884
14	美国纽欧利暗斯城棉花赛奇会	美国	新奥尔良	1884
15	英国黎维堡城航海船政等各国赛会	英国	利物浦	1885
16	比国安法尔斯炫奇会	比利时	央凡尔	1885
17	和国农务炫奇会	荷兰	阿姆斯特丹	1885
18	德属拜彦国宁北地方五金赛奇会	德国	巴伐利亚邦	1885
19	英国苏格兰省地方制造格物会	英国	苏格兰	1886
20	日斯巴尼亚尔色罗纳城赛奇会	西班牙	巴塞隆纳	1887
21	法国各国炫奇会	法国	巴黎	1889
22	比利时京城炫奇会	比利时	布鲁塞尔	1890
23	英属扎美格岛制造格物工会	英国	—	1891
24	日斯巴尼亚庆贺寻获美洲四百周年纪念赛会	西班牙	马德里	1891
25	英属澳大利亚建设赛奇会	英属澳大利亚	万地曼兰	1893
26	美国西嘎哥四百年志庆万国赛奇会	美国	芝加哥	1893

（续表）

编号	博览会名称	主办国	城市	时间
27	日斯巴尼亚马达利京城万邦百艺会	西班牙	马德里	1894
28	法国里昂万国赛会	法国	里昂	1894
29	美国旧金山仲冬赛珍会	美国	旧金山	1894
30	俄国万国果木聚珍会	俄国	圣彼得堡	1894
31	比国安法尔斯炫奇会	比利时	央凡尔	1894
32	美国若尔治阿省兰德地方万国赛会	美国	阿肯色州	1895
33	德国柏林艺业会	德国	柏林	1895
34	俄国矮新城全国技艺赛珍会	俄国	汰郭罗底城	1896
35	美国田纳西省城百年赛奇会	美国	田纳西州	1896
36	比利时京城万国雍睦保护制造生业会	比利时	布鲁塞尔	1897
37	比利时京城万国赛珍会	比利时	布鲁塞尔	1897
38	美国密士失必万国赛会	美国	俄克拉荷马州	1898
39	美国费城万国通宵赛会	美国	费城	1898
40	英国苏格兰省格拉斯高博物会	英国	格拉斯高	1899
41	俄国万国果木赛会	俄国	圣彼得堡	1899
42	法国巴黎万国赛奇会	法国	巴黎	1900
43	美国购得荔施安那地百年纪念赛会	美国	新路易斯	1901
44	奥国京城打鱼赛会（第八届）	奥地利	维也纳	1902
45	法属越南河内赛会	法属越南	河内	1902
46	日本大阪第五次劝业博览会	日本	大阪	1903
47	美国伯尔特兰省购得奥吝贡地方百年纪念会	美国	波特兰	1904
48	美国散鲁伊斯庆贺购得鲁义地方百年纪念赛会	美国	圣路易斯	1904

（续表）

编号	博览会名称	主办国	城市	时间
49	法、比哀日博览会	法国、比利时		1905
50	美国缽岑地方渔业赛会	美国	波士顿	1905
51	比国黎业斯万国各种赛会	比利时	列日	1905
52	法国巴黎海外各种生产赛会	法国	巴黎	1906
53	意大利巴威亚第三次米赛会	意大利	巴威亚	1906
54	意大利密拉诺万国赛会	意大利	米兰	1906
55	俄国森彼得堡万国工艺赛会	俄国	圣彼得堡	1907
56	英属新基兰赛会	英属纽西兰	基督城	1907
57	比国安凡士埠万国渔猎公会	比利时	安特卫普	1907
58	英国德柏林万国公会	英国	都柏林	1907
59	德国柏林万国玩耍排列赛会	德国	柏林	1907
60	和国海牙万国农务赛会	荷兰	海牙	1907
61	英属澳大利亚梅乐本地区女工赛会	英属澳大利亚	墨尔本	1907
62	美国生日纪念暨陆海军并商务赛会	美国	维吉尼亚州	1907
63	日本东京劝业博览会	日本	东京	1907
64	英国露尔斯克德赛会	英国	伦敦	1908
65	俄国京城万国家具	俄国	圣彼得堡	1908
66	德国撒克逊帮都城万国照相会	德国	德勒斯登	1908
67	和属苏门答腊梅丹赛会	荷属印度尼西亚	苏门答腊	1909
68	俄国西西伯利亚农林商工赛会	俄国	鄂木斯克城	1909
69	美国旧金山开埠纪念会	美国	旧金山	1909
70	美属斐利滨满呢拉赛会	菲律宾	马尼拉	1909
71	德国迪森德夫城万国矿物炼金工艺会	德国	—	1910
72	奥国维也纳万国猎品陈列赛会	奥国	维也纳	1910
73	日本爱知县劝业博览会	日本	爱知县	1910

（续表）

编号	博览会名称	主办国	城市	时间
74	比利时京城万国赛会	比利时	布鲁塞尔	1910
75	法国罗贝省赛会	法国	罗贝省	1911
76	美国细喀果城酿酒商家赛会	美国	芝加哥	1911
77	比国杀勒路亚万国赛会	比利时	查力瓦	1911
78	意大利得黎纳万国工艺赛会附设豢养动物会	意大利	得黎纳	1911
79	意大利都朗万国工业博览会	意大利	都朗	1911
80	美国华盛顿纽约第八次万国化学利用会	美国	华盛顿、纽约	1911

注：表中地点名称保留了当时的译法，全书同。

　　从上表可见，19 世纪下半叶至 20 世纪初，国际会展活动数量日趋增多，且多以欧美为主，西方工业化强国美国、英国、法国、俄国、意大利、比利时、荷兰乃至亚洲的日本都是多届国际会展的举办地。

　　此外，洪振强对近代国际展览也有较为详细的史料梳理，他系统整理了 19 世纪下半叶至 20 世纪初的主要国际展览活动，认为该时期的国际展览与英法两国相似，普遍效仿法国模式。提出 19 世纪初中期欧洲各国一些重要的国际展览较有影响力的包括 1818 年德国慕尼黑、1820 年比利时根特、1823 年瑞典斯德哥尔摩、1825 年荷兰哈勒姆、1826 年爱尔兰都柏林、1827 年西班牙马德里、1828 年美国纽约、1829 年俄国的莫斯科、1829 年俄国圣彼得堡、1830 年比利时布鲁塞尔的展览会以及 1844 年在柏林举行的全德展览会（All German Exhibition）等。从国际关系视角来看，这些国际展览会被主办者认为"既能影响国际政治舞台，又能作用于当地经济和文化……不仅明确地关注着外国游客，而且它也试图成为展现国家特性的秀场。"①罗靖则归纳了近代中国博览会事业在国际展览业蓬勃发展背景下的历史演进特征，以中国近代参加的代表性世博会为典型样本，分析了国际展览在推动中国社会国际化、现代化进程中的

---

①　洪振强. 民族主义与近代中国博览会事业[D].武汉：华中师范大学，2006.

阶段性特征①。

　　就世博会的核心功能及其展会沟通的形势分析上,基于众多学者将这些功能对国家发展的影响相结合,形成了世博会之于国家形象建构与国际传播的研究视角。正如恩格斯所言:"水晶宫博览会给'英国岛国的闭塞性敲响了丧钟'……水晶宫博览会(即英国伦敦创办首届世博会)就是用来庆祝工业革命的胜利而建立的。"②而国内多将其置于文化传播的视域下:吴建中在《世博会主题演绎》一书中开篇就明确提出:"世博会从一开始就把自己定位于文化而不是商业的博览会,从一开始就确立起有别于其他任何博览会的文化性格。"③有学者则从仪式研究的视角切入,提出了较为深刻而精辟的见解:仪式是实现文化传承与社会整合的一种古老而典型的活动载体,具有定期召开、依据严密组织和活动规制、以文化交流与族群整合为目标等基本特征,世博会恰恰对应了仪式的这些基本特质而被视为一种现代仪式;代表性学者如张涛甫就在《世博会:文化传播的竞技场——兼论 2010 年上海世博会的跨文化传播意义》一文中将其视为一种"文化仪式,其显著的表现形式即是跨文化传播"④。作为多元文明集聚一堂的国际展会活动,其"跨文化传播是一个文化意义的再建构、叙述以及交往的特殊过程。作为一种特殊的现代仪式,世博会的文化传播活动被限定在特定的时间与空间语境下,它是一个现代性的文化'集市'"⑤。在多元文明成果的展览与交流中生成了"文化传播的竞技场。不同文化主体之间存在着对话与竞争关系"⑥。

　　2) 美国近代世博史的国内研究

　　以美国近代世博会为对象的文献则为本书的国际会展史考察提供了良好的基础。如薛华在《美国参与世博会的历史、目标、模式与影响力分析》一文中

---

① 罗靖. 近代中国与世博会[D].长沙:湖南师范大学,2009.
② 转引自:黄厚石.会展与城市:现代会展的诞生与城市的转型[J].南京艺术学院学报,2004(2):64 - 67.
③ 吴建中. 世博会主题演绎[M].上海:上海科学技术文献出版社,2008:5.
④ 张涛甫. 世博会:文化传播的竞技场——兼论 2010 年上海世博会的跨文化传播意义[J].新闻记者,2010(11):4 - 9.
⑤ 张涛甫. 世博会:文化传播的竞技场——兼论 2010 年上海世博会的跨文化传播意义[J].新闻记者,2010(11):4 - 9.
⑥ 张涛甫. 世博会:文化传播的竞技场——兼论 2010 年上海世博会的跨文化传播意义[J].新闻记者,2010(11):4 - 9.

将美国参与世博会的相关活动视为"其国家公共外交战略的一个不可忽视的组成部分"。他将美国参与世博会的历史分为欧主美从时期(1851—1875)、欧美共同主导时期(1876—1939)、沉寂期(1940—1961)、主动出击时期(1962—1990)、后冷战阶段(1991 至今),并深入分析这种变迁反映了美国发展战略及其国际地位的变化,指出在美国崛起、争霸时期高度重视世博交往与国家形象建构的战略意图:"从最初追随欧洲,然后与之分庭抗礼,美国展现出一个实力不断上升的新生国家蓬勃的朝气;第二次世界大战前后美国和整个世界一道陷入沉寂,凸显了战争对整个人类文明的残酷摧残;第二次世界大战后出于与苏联争霸的需求,美国成为世博会上积极闪亮的主角;冷战结束之后,由于世博会'过时论'的盛行和其国内法律的限制,美国参展勉为其难。"①这种国家意图在其发生经济危机时期尤为明显,侯波的《大萧条时期的美国世博会》一文着重分析了 20 世纪 30 年代美国在经济几近崩溃的大萧条时期举办的两届世博会:1933—1934 年芝加哥世博会、1939—1940 年纽约世博会。通过史料揭示了当时举办芝加哥世博会、纽约世博会意在提振民众对抗危机的信心、维护国际经济强国的战略意图:前者旨在"'在危机中寻找希望',它的成功令世人记忆犹新。如今,芝加哥市市旗上印着四颗六角星,其中一颗正代表着芝加哥人对 1933—1934 年世博会的永恒记忆"②;后者开幕之时适逢华盛顿在纽约发表就职演说 150 周年纪念日,目的如主题所示:"建设明天的世界。"他引证了主办方在《世博会官方手册》中对办博的权威阐释:"这里将展出我们这个世界上所存在的各种事物、观念和力量。我们靠它们才能建设出明天的世界。它们是有趣的,我们将竭尽全力使它们以一种有趣的方式展现在大家面前。只有更深刻地认识今天,才能更好地迎接未来。"③

而上海大学张敏教授与美国密苏里大学人类学家包苏珊在合著的《大国崛起的盛典:当下视野中的美国 1904 年圣路易斯世博会》一文中就明确提出了世博会对美国近代崛起的助推功能:"作为世界上后来崛起的大国,美国在沟通国内外公众,赢得理解、信任和支持的过程中,曾经做出过巨大的努力。其中,仅

---

① 薛华. 美国参与世博会的历史、目标、模式与影响力分析[J].美国问题研究,2011(11):169 - 186.

② 侯波. 大萧条时期的美国世博会[J].世界博览,2010(3):76 - 79.

③ 侯波. 大萧条时期的美国世博会[J].世界博览,2010(3):76 - 79.

世博会即主办过 12 次,占世界总量近 30％,成为主办次数最多的国家。"①该文深刻分析了美国 20 世纪初崛起过程中借助召开世博会以实现昭示购买路易斯安那后领土主权的国家意图,点明了美国崛起过程中办博遭遇欧洲抵制的世博外交博弈过程,以及通过各类先进的工业化成果展示美国强国形象、推动人类生活方式进步的积极影响:"在当代视野中,美国 1904 年圣路易斯世博会作为大国崛起的盛典,在维护国家利益、启动现代生活的基础上,对内增强凝聚力、包容力,对外提高亲和力、感召力,全方位满足崛起需求;其观众定位针对以中产梦想为特征的国内外公众,体现诚恳、谦卑、友善、包容的人性化特征;其展示内容侧重生活创新,提高现代素养,促进人与社会的协调呼应;就整体而言,虽有瑕疵,却愈挫愈奋,成为特定历史阶段的标志性里程碑。"②

由上述学者共识可以推断,世博会的关键价值在于其推动社会进步的文化传播与创新平台功能,美国在 20 世纪上半叶的快速崛起阶段高度重视对这一功能的发掘与利用,实则是一种国家战略选择,并将其作为提振民心、提升国力、谋求国际话语权乃至和平崛起的对外沟通手段和战略工具。

(二) 大国崛起与国际关系

1. 崛起过程与霸权目标:现实主义与自由主义的不同视角

就本书所聚焦的美国崛起的大背景而言,"崛起"一词不仅有一国自身的发展进步和国力增强之意,还隐含着该国的国际地位或权力相对他国的消长过程:"发展是指绝对实力的增长;崛起是指相对实力的增长,而且特指新兴大国与世界霸主之间的相对实力变化。"③美国的崛起具体表现为它相对于当时最强大的霸权国——英国在国力和地位上的此消彼长过程,终点是成为梦寐以求的"山巅之国",以取代英国成为新的霸权国为目标,通过崛起最终屹立于"世界之巅"。因此,研究美国的崛起历程实际上就是考量其如何取代旧霸权、建立新霸权的过程,这里英美之间的霸权转移是历史演进结果,对此国际关系学界也

①　包苏珊,张敏. 大国崛起的盛典:当下视野中的美国 1904 年圣路易斯世博会[J]. 上海大学学报(社会科学版),2011(2):119-130.

②　包苏珊,张敏. 大国崛起的盛典:当下视野中的美国 1904 年圣路易斯世博会[J]. 上海大学学报(社会科学版),2011(2):119-130.

③　阎学通,杨原. 国际关系分析[M]. 2 版.北京:北京大学出版社,2013:123.

有针对性的理论阐释工具,即"霸权转移理论"。总的来看,当代国际关系学的发展表现在历史上自由主义与现实主义两大理论派别之间的对话、竞争与交替超越上,两者对霸权问题的阐释各有侧重。

首先,带有康德思想传统的自由主义学派具有以构建人类命运共同体为国际社会终极目标的理想色彩;发展到现代则形成了强调国际社会独立于国家的权力实体性及趋向国际合作的制度化等基本观点,大致包括社会自由主义、商业自由主义、共和自由主义和制度自由主义。在此影响下,1919 年美国威尔逊总统参加巴黎和会时提出的"十四点和平计划"以集体安全原则取代欧洲长期奉行的均势原则,他力促成立的国联等国际组织也成为国际社会践行自由主义理念的发展顶峰;第二次世界大战后美国主导下构建的西方国际制度体系在很大程度上运用了这些自由主义原则,它们也规范和约束了当今的国际交往行为。因此,以基欧汉、约瑟夫·奈等为代表的新自由制度主义对霸权作用机制的理解是:"国际制度并不一定需要霸权国家的支撑,有自己独立的生命。"①约瑟夫·奈"软权力"理论阐释中就针对保罗肯尼迪的大国兴衰论,强调以"民主制度、自由市场体制和西方文明"为支撑的"软实力"应被美国用于塑造美国模式的 21 世纪世界新秩序,并基于制度建构的视角系统论证了美国霸权继续坚持的理由和具体途径。在这一点上,新自由制度主义与新现实主义在基于理性主义的理论假定、科学实证主义原则、无政府状态的国际社会研究方法及层次等方面都逐渐趋同②,如新现实主义者罗伯特·吉尔平提出的霸权与大国政策协调(policy coordination)并存等理论,两者之间从激烈论战到理论通约的过程被学术界称为"新新合成"(neo-neo synthesis)③。

其次,基于霍布斯传统思想的现实主义学派从 20 世纪 30 年代迅速兴起,他们对霸权的阐释主要出于权力的视角,丹尼斯·沙列文 1970 年的研究中列举出 17 种典型的"权力"定义,在西方国际关系领域,汉斯·摩根索的"权力政治论"是现实主义流派的核心学说和影响最大的理论。他在《国家间政治——

---

① ROHERT, KEOHANE. International institutions and state power: essays in international relation theory[M]. Boulder: Westview Press, 1989:130 - 131.

② 阎学通,杨原.国际关系分析[M].2 版.北京:北京大学出版社,2013:358.

③ STEVE SMITH. International relations theory: positivism and beyond[M].Cambridge: Cambridge University Press, 1996: 149 - 185.

寻求权力与和平的斗争》的著作中提出："权力意指人们对他人的思想和行为施于影响和控制的能力。……国际政治像一切政治一样,是追逐权力的斗争。无论国际政治的终极目标是什么,权力总是它的直接目标。"而霸权则建立在拥有国际政治权力的基础之上,"即指一国在国际舞台上控制他国、影响国际事件的综合能力。"[1]例如,美国经济学家金德尔伯格 20 世纪 70 年代提出的"霸权稳定论"是"现实主义学派的一个分支",该理论认为:"霸权首先为自由贸易提供稳定的国际制度,进而主导各问题领域之国际制度的建立,从而造就稳定的国际经济秩序,霸权的衰落必然导致全球不稳定。"从这一观点可见,西方国际政治学中新现实主义学派在与新自由主义学派相互借鉴、融合的过程中,同样也考虑到了霸权与国际制度的关系问题,这对解释美国霸权重视国际秩序建构与维护国际社会的表征方面具有很强的解释力。罗伯特·克劳福德(Robert Crawford)认为霸权稳定理论是新现实主义关于国际制度的最权威、最普遍认同的解释[2],"重点研究权力的分配与国际经济行为的特点之间的关系"[3],秦亚青则称之为沃尔兹结构现实主义的典型范例[4]。但霸权稳定理论的缺陷主要体现在对权力维度的审视相对狭窄,其理论建构的现实基础也随着美国霸权 20 世纪六七十年代一度衰落而动摇,不仅催生了以基欧汉为代表的新自由主义的国际制度理论借批判该理论而发展为国际关系的主流范式,也促进了现实主义学派内部对霸权问题的再反思,出现了长周期理论[5]、世界体系理论[6]、权

① 汉斯·摩根索. 国家间政治:权力斗争与和平[M]. 徐昕,译. 北京:北京大学出版社,2006:38.

② ROBERT CRAWFORD. Regime theory in the Post-Cold War World: rethinking neoliberal approaches to internation relations[M]. BOSTON: Dartmouth Publishing Company, 1996:57.

③ KATZENSTDN, KEOHANE, KRASNER. Exploration and contestation[M]. Cambridge: The MIT Press, 1999:21.

④ 秦亚青. 现代国际关系理论的沿革[J]. 教学与研究,2004(7):56-63.

⑤ 乔治·莫德尔斯基(George Modelski)提出了全球政治体系是围绕着世界强国行使世界领导权而建立的,其兴衰经历了 100~120 年的周期,大约分为全球战争、世界大国、非正统化、分散化四个阶段。参见:George Modelski. The Long Cycle of Global Politics and the Nation-State[J]. Society and History, No. 20, 1978:214-238.

⑥ 沃勒斯坦从经济主导的角度研究霸权问题,指出霸权一般经历四个阶段,即霸权的勃兴(即围绕继承霸权与其他国家展开竞争)、霸权的确立(即新霸权国家超过旧霸权国家)、霸权的成熟、霸权的衰退(即有意争夺霸权的国家之间展开激烈竞争)。参见 T. K. HOPKINS, WALLERSTEIN. Cyclical rhythms and secular trends of capitali world economy[J]. Review, Vol. 2, No. 4, 1979:499.

力转移理论①等,为霸权稳定论的理论缺陷提供了必要的补充。其中,尤以罗伯特·吉尔平的霸权转移理论"堪称集 20 世纪 80 年代新现实主义论述霸权稳定之大成"②。

　　无论是现实主义的"霸权稳定论"还是国际制度自由主义者,均强调霸权国家存在的积极意义:基欧汉等认为霸权国在确保国家秩序的同时也有助于实现自身的利益;莫德尔斯基、吉尔平从 20 世纪 70 年代后期将该理论逐渐扩展到军事、安全等领域,强调霸权国的存在有利于国际体系的稳定。这从中国春秋、战国及古希腊的城邦时期均能找到大量支持该论点的先例;而历史上最典型的"霸权稳定现象"依次可表征为古罗马帝国治下的和平时期(Pax Romana)③、近代工业革命的推动下不列颠帝国治下的和平时期(Pax Britannica)④、第二次世界大战后美国主导当代国际政治经济秩序的和平(Pax Americana)⑤。

　　2. 美国霸权特征研究:国际自由主义与建构主义视角

　　针对美国建立霸权过程及其特征的研究已经发展为"美国学"领域中的重要专题,国内外的政治经济学、社会学、外交史等相关领域的众多学者形成了较为普遍的共识。

　　首先是美国霸权确立的标志和条件分析:经过 20 世纪上半叶的崛起,"美国霸权始于第二次世界大战的结束"⑥;"其确立有两个基础性条件,一是英国的禅让,二是拉美后院的巩固"⑦;而联合国组织、国际货币基金组织、北约组织、雅尔塔体系、布雷顿森林体系等一系列国际组织制度保障帮助其实现了在政治、军事、经济、金融方面的霸权目标。

---

① 奥根斯基(A.Organski)提出了权力转移理论(Power Transition Theory),认为在无政府的国际社会里,追求以权力界定的国家利益是一个国家的基本目标;一国只有不断地运用自身实力来影响他国的行为;才能赋予自身权力;国家间权力分配决定着国际体系的稳定与否,而保持体系稳定的关键在于能否实现权力与满意程度之间的平衡。

② 门洪华. 霸权之翼:美国国际制度战略[M].北京:北京大学出版社,2005:22.

③ 从公元 5 世纪开始罗马帝国延续了 200 余年,横跨欧亚非三大洲的古罗马国在强大的军事和经济实力支持下,维持了这段历史时期相对稳定的局面。

④ 英国近代工业革命以来以贸易自由原则和维持欧洲均势的策略,并运用其绝对的经济优势和强大的海军力量建立起一个日不落帝国,维护了 18—19 世纪相对稳定的维也纳体系。

⑤ 门洪华. 霸权之翼:美国国际制度战略[M].北京:北京大学出版社,2005:291.

⑥ LEA BRILMAYER. American hegemony:political morality in a one-superpower world[M]. New Haven:Yale University Press,1994:11.

⑦ 门洪华. 霸权之翼:美国国际制度战略[M].北京:北京大学出版社,2005:112.

　　其次是美国国内制度及社会结构对霸权地位的支撑作用：当代新西方马克思主义者中的葛兰西、卢卡奇、安德森、古尔德纳（Gouldner）、雅各比（Jacoby）和杰伊（Jay）等均对美国崛起为全球霸权的社会和历史基础展开了基于国家—社会、政治—经济等特殊构造视角的解析，认为"'美式自由主义'（Liberal Americanism）与一些欧洲国家（如德国）不同，即便在大萧条年代，美国的自由主义也没有受到根本撼动。……是'美国传统'的遗产。"[1]突出表现为形成了考克斯所谓的"新自由主义国家"（nedibemlstate）形态，在这种新自由主义的国家里，"国家—社会"关系比欧洲古典形态更高级，反映工业资本主义特征的大规模生产、福利政策等社会创新机制得以完善。这种体制使美国把自身视为一种稳定联盟体系的领导者，将安全与经济利益建立在世界范围的稳定和发展之上。例如，通过"罗斯福新政"（New Deal）和第二次世界大战时期对"国家—社会"关系的重塑，强化了与大规模生产相结合的社会调适能力，从而支撑美国渡过了全球大萧条的难关，帮助其击败了法西斯主义，"令美国始终充当着世界经济的'领头羊'"和战后全球政治经济体系重建的推广者，并"在经济竞赛中遏制了苏联模式及其势力向全世界其他地区的扩张。"[2]而两次世界大战之后它都致力于成立"国联"和联合国，旨在重塑制度框架下的国际社会，将其作为"美国确立其霸权的关键和组织保证。"[3]美国也借此把资本主义霸权体系的发展推向了更高阶段，超越了单纯寻求自身利益和安全的国家政策，"按照自由民主制度的方向建立了一个国际化的、增长型的新自由主义的国家。诸如'马歇尔计划'以及美国对战后日本和德国的重塑便是突出的事例。美国的霸主地位正是通过这种布施'王道'的方式表现出来。"

　　从这些观点中，我们发现西方学界都在强调美国霸权的制度因素，而国内代表学者阎学通、门洪华也认为"美国与以往霸权的不同之处在于它不完全依

---

[1]　MARK E. RUPERT. Producing hegemony：state/society relations and the politics of productivity in the United States[J].International studies quarterly，Volume 34，Issue 4，December 1990：427 - 456.

[2]　MARK E. RUPERT. Producing hegemony：state/society relations and the politics of productivity in the United States[J].International studies quarterly，Volume 34，Issue 4，December 1990：427 - 456.

[3]　门洪华. 霸权之翼：美国国际制度战略[M].北京：北京大学出版社，2005：112.

靠军事实力将自己的意志强加于人,而是想建立一个由美国主导的制度性霸权体系"①;"相比罗马霸权和英国霸权而言,制度力量是美国霸权所独有的,而后者甚至成为美国霸权得以建立和维持的根本。……'美国治下的和平'是以制度与权力相结合为核心的和平。"②因此,再结合前述新现实主义、新自由主义、建构主义等主流学派分析美国霸权特征时趋向"新新合流"的制度化视角,反映出学界对美国普遍持有一种强调制度效用的倾向,认为与它崇尚国际自由主义传统的资本主义政治经济结构及奉行工具性制度主义的内外政策密不可分。

四、研究视角、方法与工具:国际秩序建构中的权力话语

(一) 研究视角:服务于国际沟通需要的会展传播

1. 核心概念:国际会展活动的定义及分类——国际会议与展览比较

我们对"会展"一词通常的理解主要是指会议(Meetings)和展览(Exhibitions),实际上这一概念还包括节庆、赛事、演出等大型活动(Events)、集会(Conventions)及奖励旅游(Incentives),对应各单词首字母缩写即为会展(MICEE)③。会展的具体定义因视角不同有所差异,有狭义和广义之分。狭义概念的会展源于欧洲,欧洲传统意义上会展的定义被限制于会议和展览两种活动;而广义的会展将会展理解为 MICE(Meetings, Incentives, Conventions & Exhibitions),即公司会议、奖励旅游、协会与社团所组织的会议、展览的总称,或者是把会展理解为 MICEE,在 MICE 的基础上增加了"Events"(即事件、活动),使会展的范围更加宽广。这种理解得到了许多学者自觉或不自觉的认同④。上海大学的张敏教授从营销沟通的角度提出了"大会展"的概念:"作为市场体制优化资源配置的主渠道之一,会展是一种以现场聚集为形式,以表达

---

① 阎学通. 美国霸权与中国安全[M]. 天津:天津人民出版社,2000:23.

② 门洪华. 霸权之翼:美国国际制度战略[M]. 北京:北京大学出版社,2005:304.

③ MICEE:Meetings,Incentives,Conventions,Exhibitions,Events 的英文缩写,即会议、奖励旅游、大型集会、展览、节事活动。目前尚无统一的会展界定,但广义的会展概念日渐为国际公认,成为国际统计标准口径和专业会展行业协会划分标准。

④ 张敏. 中国会展研究30年文选[M]. 上海:上海交通大学出版社,2009:8.

展示为手段，以主体化时空为核心的规模化营销沟通服务，主要包括会议、展览、节庆、赛事、演出等活动。"①上海交通大学的过聚荣教授则将广义、狭义的概念做了明确区分，认为狭义的会展应是指会议、展览等集体活动的简称，即在一定地域空间，由多个人聚集在一起形成的、定期或不定期的集体性的物质、文化交流活动②。

　　本书所考察的国际会展活动基本属于国家行为，不仅体现了政府主导和组织活动过程中的国家意志，服务于国家战略沟通的需要，而且往往形成了体制化、机制化的会展成果：世博会推动成立了以国家成员身份参加的"国际展览局"（1928 年）。因此，本书主要聚焦的美国举办或作为主要参与者的世博会，属于一种具有鲜明国家政策导向色彩的会展行为。当然早期的大型会展活动以宗教祭祀、文化庆典为主题，旨在为统治阶层树立权威，具有整合社会关系的仪式功能；而近代以来的世博会包含活动内容相对广泛，既有一些国际组织机构的专业性会议，也有国家主题日的节庆表演，甚至早期世博会还下设了奥运会比赛的体育竞技类等子项目。因此从总体上看，本书考察国际展览是立足于它们服务国家层面的对话沟通功能，其具体特征和形态异同可归纳为以下几点。

　　展览的界定较为明确，其英文原词常有 fair、exhibition、show、exposition 几种说法，其中的差别在于：fair 主要指传统意义上的集市与庙会源自拉丁语 feriae（意为节日，内涵相对泛化），从工农业产品贸易到节庆仪式、文化表演等包罗万象，至今一些综合性的展览、集会仍被称为 fair；而近代以后，从中分支出了更具专业性和贸易功能的展览会，被称作"exhibition"，传入日本、中国时则被译成了"博览会"，是当今被最广泛使用的一种称谓，其定义是"为了鼓舞公众兴趣、促进产业、发展贸易，或者为了说明一种或多种生产活动的进展和成就，将艺术品、科学成果或工业制品进行有组织的展览"；show 的单词本意是展示，在北美地区 show 一般指贸易展览会，与注重宣传展示的 exhibition 相区别；exposition 则是法语单词，同样强调宣传性质，可与 exhibition 通用，在法语国家和北美被广泛使用，本书重点研究的国际展览——世博会（World

---

① 　张敏. 中国会展研究 30 年文选［M］.上海：上海交通大学出版社，2009：1.
② 　过聚荣. 会展概论［M］.北京：高等教育出版社，2010：4.

Exposition)就采用了该称谓。国际展览的管理协调机构主要包括世界两大展览会组织——国际博览会联盟和国际展览会局,总部均设在法国。国际博览局(Bureau of International Exposition,简称 BIE)对世博会的定义是:由一个国家的政府主办,有多个国家或国际组织参加,以展现人类在社会、经济、文化和科技领域取得的成就为目的的国际性大型展会[①]。作为以经贸、科技、文化交流为主要形式的综合性国际展会,它诞生于率先完成工业革命的英国,1851 年创办至今已举办 43 届(根据我国公认的历史分期为 1840—1949 年近代阶段共举办了 28 届),成为一种惯例性的国际交往平台和展会类的大型活动,是近代欧美工业强国主导下将人类社会逐步引向全球化时代的重要标志与成功典范。美国是迄今为止举办世界博览会最多的国家,在第二次世界大战以前于 1853 年、1876 年、1893 年、1904 年、1915 年、1926 年、1933 年、1939 年—1940 年举办了 8 次世界博览会,其中在 20 世纪上半叶美国崛起的关键阶段举办次数最多、最为集中。

2. 会展传播:国际会议与展览统一在国家沟通方式的概念及研究范畴内

国家层面的会展沟通内涵与会展传播概念界定是本研究的出发点。国际沟通是国家层面的权力主体间相互对话、协商,旨在达成理解、妥协或共识的交往行为及其过程。这一过程中必然伴随着信息的传播,其形式可以是远程的,也可以是现场的;可以是双方代表之间直接的对话、交流,也可以借助非语言的物质载体来传递信息并进行双向的文化解码。其中,国家之间依托会展活动进行的国际沟通方式更多侧重于现场式的、参会或参展国之间围绕会议议程或展示内容、展品进行的一种双向信息互动,会展活动的时空限定条件、会议议程或展览主题是制约此类传播过程的重要因素。议程设置研究的奠基人之一麦库姆斯提出:"大众媒介经常被描述为我们认识世界的窗口……其一是沃尔特·李普曼所代表把关人传统,以这种眼光来看,媒介担当的是一个经过高度选择的窗口的角色;另一种视角则是哈罗德·拉斯维尔所论述的环境监测功能,它暗示着透过窗口人们可以掠过一道道广阔的风景。"从这个意义上说,会展作为另一种现场式的信息沟通活动,何尝不是以组织者设定的议程或议题发挥帮助观众认知世界或国家之间相互监测的窗口功能?由此,本书将其视为一种独立

---

① 转引自:吴建中.世博文化解读:进步创新交流[M].上海:上海大学出版社,2009:3.

于通过大众媒体或组织、个体自由对话形式以外的特殊传播方式,即会展传播。

从传播学分类的角度来讲,会展传播是一个新兴的概念范畴,国内外学界尚无权威的定义。笔者仅能借用少量国内研究者的说法来阐释其基本特征:它是"以会展为信息交流的媒介……它的运作过程始终伴以高密度的信息运动,它的活动结果就是信息传播的效果"[①]。就展览而言,现代会展"在交流的层面上,主要涉及的是大众传播这个层面。即信息的发出者与传播者(参展商)使用技术手段,把信息(参展商要传达给观众的信息)传送给信息的接收者(受众)"[②]。其传播过程主要发生于会展活动现场,与会者的主观意识、文化背景与解码方式,组织者的展示与宣传意图,都在展会情境中得以体现。由于传受双方对意义的理解及认知度有所差异,会展目的的实现成为参展方综合运用传播、策略能力的考验,而现代会展实质就是"一种社会信息系统的运行。会展传播效果是衡量会展规模和影响力的关键指标,从这个意义上来说,会展传播重于展会本身"[③](见图 0-2)。

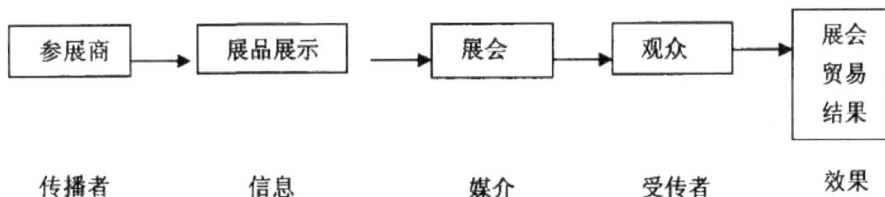

图 0-2　会展传播之拉斯韦尔五"W"传播模式同 5

其次,会展传播是一种主要发生在会展现场的多方互动,参与互动的各方具有不同的文化背景和思维方式。因此从文化传播的角度来看,会展沟通是一种符号互动过程,例如世博会展会现场的各种展品,包括设置的展馆、主题化的展示内容、表演等都是一种参展商提供给参观者进行解读的文化符号,也是一种具象的话语形态。其符合的文化解码机制如图 0-3 所示。

①　王春燕. 会展传播探析[D].沈阳:辽宁大学,2004.

②　刘大可,王起静. 会展活动概论[M].北京:清华大学出版社,2004:276.

③　何强. 基于传播学视角的会展策略分析[D].大连:大连理工大学,2010.

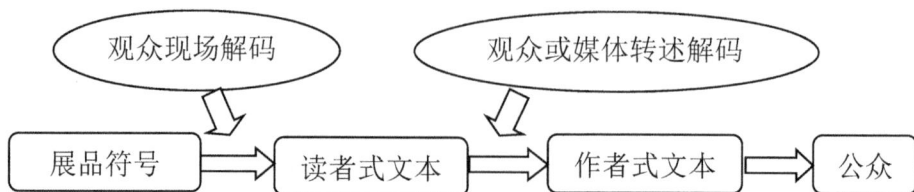

图 0‑3 国际展会沟通过程中对展品文化符号的"协商式解码"机制

就国际会议沟通而言,与会各国带着各自不同的政治目标和利益诉求对议题展开对话与协商,也必然伴随着认知冲突与协调的过程,相对于会议主办国的沟通预期目标而言,他们希望受众在内容解读时运用一种"协商式解码"的方式来进行,以实现促成共识;与会国也希望借助现场式的对话和直观感知,加深对来自同一语境中的不同议题的理解,从而更合理地选择对话方式或博弈策略。从这个意义上说,会议传播是一种直接而高效的国际对话平台。

(二)研究方法:文献研究与比较分析

与美国国际沟通相关的大国崛起、近代对外关系史的论著比较丰富,相关的会展活动也作为国家行为的历史档案被记载下来,包括具体的展会筹办及会议活动新闻报道、历史档案、与会者的观感、会议成果文件、近代史专题的学术研究成果等。这些资料比较客观、真实地反映了美国在近代崛起时期的会展组织方式与会展传播状态。但史料分散于美国史研究、国际关系研究、国际政治与贸易研究等多个领域,系统整合难度较大。本书研究拟循着美国崛起过程中组织或参与的几次关键会展事件为节点,对其国际会展传播的"在场式"与"远程式"两条途径来归纳分析:一是围绕会展活动前后的小范围的、参展重要人物间的人际传播和参展代表团之间的组织传播;二是将国际会展活动作为重要媒介事件报道的大众传播。

1. 文献研究

文献分析法主要指通过搜集、辨析、分析、梳理各种文献资料,确认、验证、再现某些基本的历史事实和现状,总结文献的内在逻辑,概括对某一问题的主要观点和看法,为进一步的深入研究提供背景资料、案例借鉴、理论知识和研究启发。本书将使用文献分析法对美国主办两届的历史档案及同期国家实力数据、媒体报道、记载世博会展品相关的档案、参会总统或元首等重点人物传记等来了解历史面貌,分析国家战略决策者、组织机构乃至公众对会展成效的感知与评价,及其活动产生的社会影响等,并将这些美国会展史料对照其国际地位崛起的时间线索进行纵向梳理,试图发掘一种美国式价值观借助会展平台向世界传播、扩展的历史轨迹和演进规律。

2. 个案研究

个案研究是社会科学领域的一种基本研究方法,国内外学者对其定义各有不同。罗伯特·K.殷从方法论的角度将个案研究定义为:"研究者通过多种资料来源,对当前生活脉络的各种现象、行为和事件所做的一种探究式的研究。"国内外学者均强调研究对象的独特性、研究内容的深入性、方法的综合性以及在自然情境中进行。美国参加的近代会展活动届次繁多、报道与档案等史料数量巨大,但其展示、组织方式与内容主题相对统一,因此为便于研究提炼,有必要选择具有典型代表性的世博会进行个案分析,见微知著,从中推导合乎历史逻辑的结论。

3. 比较研究

比较研究是史学、国际关系学领域的一种基本方法,旨在通过不同对象间的横向比较来分析、提炼一种共性特征或普遍性的机制、规律。本选题将在历史分析的基础上,对比近代相对和平时期各国参与国际会展活动的态度倾向与沟通策略,分析政治制度、国家利益、意识形态、历史渊源对会展沟通过程及其国际地位的影响;如分析世博会作为国际性的竞技场功能时,运用比较法考察各国对其的认知与行动差异,推导不同国家运用同一会展工具实现战略意图的成效差异;在比较时注重考虑结合当时社会历史环境及国际沟通语境,对比基于不同文化背景、利益诉求的西方各国对会议议题、展品内涵的解读差异,从这些表象的共性中勾勒出国际会展本体在不同侧面的功能呈现,以期更系统、全面地考察美国崛起过程的会展沟通策略与特征,从而提炼会展形式与内容之间的关系及演进规律。

(三)理论工具:"权力—话语"理论与霸权转移理论

1. 权力与霸权的基本内涵

本书分析美国崛起的历程与动因是围绕其国家"权力"的增长及其驱动下

的国际关系演进展开的,因此"权力""霸权"等词是核心概念。

1)权力概念的辨析

首先,"权力"一词的界定角度不同,众说纷纭。1970年,丹尼斯·沙列文列举出17种典型的关于权力的定义[①]。如科学行为主义者卡尔·多伊奇提出:权力是知识、技术和武器的集合体;戴维·鲍德温认为:权力是改变人们行为结果分配的能力的表现;杰弗雷·哈特的定义则是:"权力是对资源、对行为者、对事件及其结果的控制能力"[②];阿诺德·沃尔弗斯认为:权力是一个人驱使或指使他人按照自己的意志采取行动或不采取行动的能力等[③]。

从国家、社会的层面来看,尼古拉·斯巴克曼认为:权力是一切文明生活最终赖以生存的基础,是说服、收买、交换和胁迫等手段,在国际政治中就是一个国家对其他国家的控制;约翰·斯帕尼尔认为:权力最一般的解释就是一种能力,即一个国家影响其他国家按照它自己的目标行动的能力;英国学者罗伯特·汤普逊设计了一个国家综合国力公式,又称"克莱茵"公式:$P=(C+E+M)\times(S+W)$,即:国家力量=(人口、领土+经济能力+军事能力)×(战略意图+贯彻国家战略的意志)。

国际关系领域中的现实主义学者普遍将权力视为国家利益的最主要部分,认为权力为国际利益服务,与政治、安全、经济、文化这四类国家利益都直接相关:"国家主权是政治利益、战争权是安全利益、发展权是经济利益、宗教信仰权则是广义的文化利益。"[④]从上述各类对权力的界定可以推断,权力一词与"利益""关系"密不可分,无论是个体权力,还是国家权力,目标都指向了通过控制他人来获取利益,在人际或国际关系网络中居于核心地位或较长时间登上权力顶峰者即为"霸权"。

其次,辨析权力与实力等相似概念的关键在于"关系"的视角。"权力"英文单词为"power",与"实力"一词英译相同,但两者却有不同的内涵。前者法文

---

① BENNIS SULIIVAN. The perceptions of national power[J]. Journal of conflict resolution,September,1970.

② DAVID HILLDWIN. Power analysis and world polities — new trends vs old trendencies[J]. World politics,January,1979.

③ 詹姆斯·多尔蒂,小罗伯特·普法尔茨格拉夫. 争论中的国际关系理论[M].阎学通,陈寒溪,等译.北京:世界知识出版社,1987:95.

④ 阎学通. 世界权力的转移:政治领导与战略竞争[M].北京:北京大学出版社,2015:9.

(pouvoir)被福柯理解为"主要是一种力量关系"①，在汉语意思中也更具有控制他人的政治色彩，通常指政治影响力；汉斯·摩根索也认为：权力"不是指人驾驭自然的力量，或某些艺术手段，诸如语言、会话、声音、色彩的能力，或支配生产资料或者消费资料的力量，或自我控制力量，在我们讲到权力时，是指人支配他人的意志和行为的力量"②；后者"实力"一词则偏重于强调能力程度的客观属性(有时专指行为能力)，即潜在的实力不一定转化为现实的权力。

在国际关系研究中，国家层面的权力侧重于分析权力如何影响政治关系：例如"权力政治论"是"现实主义流派的核心学说，是西方国际关系学中影响最大的理论。"③汉斯·摩根索作为权力政治理论的代表学者，在名著《国家间政治——寻求权力与和平的斗争》一书认为："权力意指人们对他人的思想和行为施于影响和控制的能力。……在国际关系领域，权力即指一国在国际舞台上控制他国、影响国际事件的综合能力。"④"国际政治像一切政治一样，是追逐权力的斗争。无论国际政治的终极目标是什么，权力总是它的直接目标。"⑤这一论断揭示了国际政治的本质是争夺权力，其最终目标是为获取利益，并依赖于实力基础。国家实力一般是指"一个国家所拥有的物质和非物质力量，其构成要素可以分为政治、文化、军事和经济四类。"⑥因此，在国家层面，权力与实力的关系体现在：实力是界定国家利益的基础和实现利益的工具，政治实力是操作性实力，文化、军事、经济是资源性实力，这四类实力要素构成一国的综合实力，为获取国际权力提供支撑。如霸权国决定了其核心利益在于维持"现行国际权力的分配状况，而崛起大国的实力增长决定了其利益目标是重新分配国际权力，地区大国的利益是保持其地区主导权而不是争夺世界主导权，次区域大国则仅以保持自身的次区域主导权为其利益"⑦。

此外，权力与影响力的概念也有所不同。布鲁斯·拉西特和哈维·斯塔指

① 莫伟民. 莫伟民讲福柯[M].北京:北京大学出版社,2005:32.
② 汉斯·摩根索. 国家间政治:为权力与和平而斗争[M].徐昕,等译.北京:北京大学出版社,2006:37.
③ REVOR TAYLOR. Approaches and theories in international relations[M]. Longman: Longman Press，1978:124.
④ 汉斯·摩根索.国家间政治:为权力与和平而斗争[M].徐昕,等译.北京:北京大学出版社,2006:38.
⑤ 汉斯·摩根索.国家间政治:为权力与和平而斗争[M].徐昕,等译.北京:北京大学出版社,2006:29.
⑥ 阎学通.世界权力的转移:政治领导与战略竞争[M].北京:北京大学出版社,2015:9.
⑦ 阎学通.世界权力的转移:政治领导与战略竞争[M].北京:北京大学出版社,2015:9.

出,权力是指以一般的方式实现目标,影响力则是指能够让别人自觉地做你想让他们做的事情;权力是指用威胁或实际造成损失的方法指使他人的能力,而影响力是指用许诺或实际给予好处的方法指使他人的能力①。基欧汉和奈也指出,权力是行为者的一种能力,这种能力是让其他人做他们本不愿意做的事情②。可见,权力往往具有强制性的效果,而影响力往往是主动产生的效应。

再次,权力概念的外延及其分类上不断拓展和细化。例如,汉斯·摩根索把国家权力分为有形和无形两种,其根源主要来自地理因素、自然资源、工业能力、人口、外交质量、政府管理能力等九个方面③;他注意到"政治权力必须同……实际使用的暴力相区别……假如暴力在战争中成为现实,政治权力便被军事实力取而代之。实际运用暴力意味着用两个人的身体接触代替他们之间的精神联系;一个人在体力上强壮得足以支配另一人的行动,而精神联系却是政治权力的本质所在"④。以此为基础,他又将权力大致分为四类:权力—影响力、权力—武力、核武时代的可运用—不可用的权力、合法—非法的权力(即道德或法律是否认可的权力);约瑟夫·奈则在国家层面的政治、经济、军事等可以度量的"硬实力"基础上,提出了增设国家"软实力"的概念:硬实力指军事力量、经济发展水平和科技水准;软实力是指"民主制度、自由市场体制和西方文明"的发展程度。他在保罗·肯尼迪"大国兴衰论"的基础上提出了"软权力"理论,呼吁"所有的国家,包括美国,都要学会运用新的权力源泉——改善国际体系结构,推动相互依赖,发展共同文化价值来实现自己的目标",对此美国应"重新现实地认识世界权力",推行以自身模式为蓝本的"制度、体制、道义、民主、文明来改造即将进入 21 世纪的世界"⑤。这一观点实际上是在鼓吹美国应进一步提升国际话语权,发挥文化、制度方面的资源优势,为巩固霸权利益服务;在运用软权力资源的方式上,他与威廉·欧文斯 1996 年在《外交季刊》合著的《美

---

① 詹姆斯·多尔蒂,小罗伯特·普法尔茨格拉夫. 争论中的国际关系理论[M].阎学通,陈寒溪,等译. 北京:世界知识出版社,1987:95.

② JOHN ROTHGEB. The fining power influence and force in the contemporary international system [M].New York: St. Martin Press,1992: 21.

③ HANS J MORGENTHAU. Polities among nations[M].New York:McGraw-Hill, Inc. 1978: 117 - 155.

④ 汉斯·摩根索.国家间政治:为权力与和平而斗争[M].徐昕,等译.北京:北京大学出版社,2006:38.

⑤ JOSEPH NYE. The transformation of world power[J]. Dialogue, No. 1,1990.

国信息优势》一文开头便提出了"信息权力"的概念,认同福柯的理解:"知识就是权力,这一点比过去任何时候都更加明显。"①之后他在一些颇有影响力的文章中继续宣传"软权力"的概念,并依据权力的来源将此概念细化为"资源权力"(resource power)和"行为权力"(behavior power),认为新的时代境遇下软权力强调的是吸引力(attraction),即"文化和意识形态和国际机制(international regimes)的无形力量",而非强制力(coercion)②;将软权力界定为"一国通过自身的吸引力,而不是强制力在国际事务中实现预想目标的能力"③;是"一种间接能力或罗织能力(indirect or cooperative power),有赖于一个国家通过观念的吸引力或确定政治议程来塑造他者倾向的能力,即让他人做你想让他们做的事情。硬权力和软权力相互作用、相互增强,制定议程和吸引其他国家与通过威胁使用军事、经济手段迫使它们改变立场同等重要"④。

2) 霸权的释义及其功能的辩证理解

我国宋代以前对"霸权"一词的理解并非贬义的,《荀子·王霸》言:"义立而王,信立而霸,权谋立而亡",意为"霸"权的建立依赖于威信,仅次于天子所仰仗的信义。可见,霸道虽低于王道,但至少是次优选择,只是宋代以后程朱理学基于动机论出发"尊王贱霸",才导致霸道的声誉日降⑤。如程颐说:"得天理之正,极人伦之至者,尧、舜之道也;用其私心,依仁义之偏者,霸者之事也。……苟以霸者之心而求王道之成,是衒石以为玉也……"⑥

在西方,霸权同样并非贬义词,英文霸权(hegemony)源于古希腊文hegemon,意为城邦联盟的领导者⑦。霸权后来被引申为一国对另一国的主导

---

① JOSEPH NYE, WILLIAM OWENS. America's information edge[J].Foreign affairs,March-April,1996.
② NYE. Hard Power and Soft Power[J]. The Boston Glc.be,August,1999.
③ JOSEPH NYE, William Owens. America's information edge[J].Foreign Affairs,March-April,1996.
④ JOSEPH NYE. The paradox of American power: why the world's only superpower can't go it alone[M].New York: Oxford University Press,2002:5-12;JOSEPH S. NYE. Soft power: the means to success in world politics[M].New York: Public Affairs,2004:1-33.
⑤ 赵峰.儒者经世致用的两难选择——朱陈义利王霸之辩解读[J].中国学术,2003(2).
⑥ 程颐.《论王霸筍子》,见程颐程颢.二程集[M].北京:中华书局,2004:450-451.
⑦ 历史上西方霸权产生的背景是作为希腊领导者组织城邦,以抵抗共同敌人波斯。转引自:邓曦泽.冲突与协调:以春秋战争与会盟为中心[M].北京:人民出版社,2015:409.

和支配①。如沃勒斯坦（Immanuel Wallerstein）认为：“霸权是指国家之间的实力很不平衡，以至于其中某个大国在很大程度上将自己的规则及愿望（至少是以有效否决权的方式）施加于别国的经济、政治、军事、外交甚至于文化领域中去。”②对于霸权的表征和社会功能，米尔斯海默指出：“霸权是指一个非常强大的国家统治体系中所有其他国家……霸权意味着对体系的控制，这一概念通常被理解为对整个世界的统治”，他还区分了“全球霸主”与“地区霸主”③。而霸权的建立也带来了其威慑下的一种地区或全球和平状态：例如近代的英国霸权就扮演了国际形势格局中重要的平衡者角色，保证了欧洲列强在 19 世纪至 20 世纪初近百年的时间里没有发生大的战争；第二次世界大战后形成的美苏两霸之间的对抗也使全球维持在一种“冷战”状态下。对此，吉尔平（Robert Gilpin）认为：“历史上有三种国际体系的控制形式或结构类型颇具特色。第一种是帝国主义或霸权主义结构，即一个单一的强大国家控制或统治该体系内部比较弱小的国家。事实上这种类型是最普遍的，它至少延续到了近代。”④霸权意味着一个单一的具有超强的政治、经济、军事实力的国家支配着国际体系，而霸权稳定则是指在“国际社会中某个霸权国的存在，对稳定国际经济秩序，发展国际公益是必要的”。

2. 基于福柯话语理论的“知识—权力”内涵

沟通是不同主体间的一种从客观信息到主观理念的交换、理解、共享过程。沟通必须依赖语言或非语言形式的符号载体；从交流功能上讲，这些符号载体即被视为“话语”，发挥出用于交换、理解、分享的信息和内容的载体功能。用于不同文化主体间沟通的话语最终以符号或物质成果等形式积累、建构起了整个人类文明体系，可以说人类前进的每一步都依赖于“话语”的交流与共识，无论从原因、过程或结果上，文明建筑在“话语”之上，文明进步或是受知识话语的驱动，或是受制度与权力话语发生变革的驱动。

---

① 但兴悟.中西政治文化与话语体系中的霸权——中西霸权观比较[J].世界经济与政治，2004(9).
② IMMANUEL WALLERSTEIN. The politics of the world economy：the state，the movement and the civilizations[M].New York：Cambridge University Press，1984：38 - 39.
③ 约翰·米尔斯海默.大国政治的悲剧[M].王义桅，唐小松，译. 上海：上海世纪出版集团，上海人民出版社，2008：42.
④ 罗伯特·吉尔平.世界政治中的战争与变革[M].宋新宁，杜建平，译. 上海：上海人民出版社，2007：35.

据此,福柯认为"话语"具有改变现实的力量,掌握了话语,就是掌控了改变主体认知以及主体间关系状态的"权力"。当话语逐步发展成为一种建立在人际关系基础上的"权力"的时候,"它不是一种野蛮的、赤裸的、如同流血的战争一样的权力,它是一种实践,是一个匿名的、历史的、有确定时空定位的规则体系。"谁握有话语权,就掌控了一种强大的、渗透人身体和思想的权力;话语权的持有者,可以建构胜利、历史、理性,可以将异己的话语建构为他者,让它保持沉默,将它排斥和放逐,或者改造它,将它归为己用。所以"话语权是一种实践性的权力,它不停地控制和征服其他各种力量,并最终以话语的力量对人体的运作加以精细控制。"例如,福柯认为以话语形态存在的知识也是一种权力,因为知识话语能够带来解释自然或社会现象、改造现实、建构预期的利益,从而使个体服膺于带来这些利益的工具(即话语)本身。这一过程表现为个体对成为社会共识的经验习得与内化,由此生成了个体对知识利益来源的认可,将(知识)话语等同于一种权力的形式,使知识充当了服务于权力建构的工具,从而赋予了知识的社会功能属性。

福柯的"知识—话语—权力"的逻辑推导,从文化利益和社会规制的视角解释了权力从何而来的问题。知识作为一种权力发挥作用的过程也可被视为一种"话语实践",它不仅反映在社会习俗、公共教育、国家意志对个体的话语控制上,在世界权力体系层面也存在着强弱国家之间的一种霸权国和从属国的关系建构,如表现为葛兰西所言的当代文化霸权现象。

会展沟通同样是一种"话语实践":以国际会展中典型的世博会为例,展会现场的沟通即是一种借助知识形态的话语或文化符号的集聚、交流方式,它是一种围绕来自不同国家展品的知识分享、文化编码与解码的过程。具体体现在:反映母国科技新知或文化特色的展品提供了一种供他国观众解读的具象化的符号,在一国的展厅内各种展品依据参展时设定的展示主题进行布置,实质上就是对自身展示符号的重组过程;参与的国家作为不同身份的文化主体,相互之间围绕展品发生交流互动,正是一种符号互动过程;在主体间的符号互动中,参展国及各国观众现场认知、感受到活动组织者及参展方力图表达的展会主旨,即以"文明、进步、创新"等为内容的世博主题宣传或价值导向,从而完成了以推动工业化、全球化为目标的知识(话语)生产,这种知识(话语)交流、传播的背后恰恰是受西方工业文明的权力运作所驱动的话语实践过程。因为各国参会、展示、竞技的方式必须服从展会设定的组织规则,认同西方工业文明的价值标准与竞争逻辑。由此可见,运用"话语理论"中"权力—知识"层面的话语分析(话语被认为是具有功能性的符号体系)是能够阐释驱动各国竞相参与的世博会国力竞争机制的,展会本身正是一种话语生产、传播的实践过程。

此外,聚焦于国际会展围绕国家层面进行符号沟通的知识(话语)生产—权力驱动过程,进一步拓展了福柯的话语理论中仅对个体问题的关注。福柯认为话语背后的权力关系,实则是在"和平、秩序、财富和职权之下,在平静的服从秩序之下,在国家之下,在国家机关之下,在法律之下……都可以看到和重新发现原始的、永久的战争关系"①。这种权力关系将国家与公民个体置于对立的关系上,最终指向了国家控制下的个体对自身主体性的反思问题。审视福柯的话语研究历程,"在考古学时期所研究的正是主体的人在知识和话语中的建构方式;而在谱系学时期关于监禁问题的研究,则解读了主体的人在外在权力中被建构的事实;后来关于性经验的研究、权力问题的直接研究,以及自我技术的研究,关注的则是主体的人的自我生产或是自我建构。在这三种不同主体形式的建构中,权力的运作是贯彻始终的;无论是知识话语之中的权力,还是来自社会实践中的权力,都是某种外在力量,表现为对主体的规训、归化和规范。"②可见,这些主体都是个体层面的,国家并未作为一个主体身份出现在福柯的考量视野当中。其原因部分在于当时世界权力体系处于典型的无政府状态,国际制度体系对单一国家的控制力量还未充分显现。自日趋全球化的近代社会伊始,国际社会的概念正在成为现实,超越国家边界的权力话语力量迅速增强,突出表现为无国界的工业知识、产业技术乃至科学、民主、自由观念等成为一种更具穿透力的"话语",随着大众传媒的兴盛在全球迅速蔓延开来。"知识启蒙"开启了现代性,披有客观性外衣的知识技术迅速取代了地域影响较为局限的神权和民族文化成为新的话语统治形式。对国家而言,它们不得不被卷入了全球化的大潮之中,不得不遵从于工业化趋势、科技革命以及由此展开的激烈国际竞争等现代人类文明的发展逻辑,从而使知识成为新的"话语权力",发挥着对国家

---

①   福柯.必须保卫社会[M].钱翰,译.上海:上海人民出版社,1999:41.
②   马汉广.论福柯的启蒙批判[M].哈尔滨:黑龙江大学出版社,2014:233.

主体的规训与归化。

3. 基于话语效果的霸权转移理论:现实主义的权力博弈

1) 福柯的权力—话语观与国际关系研究中"霸权转移理论"的内在关联

福柯在阐释"权力—话语"的关系时着眼于研究权力关系如何成为话语的动力与目标,将话语视为建构或改变权力关系的工具。这一视角认为,话语的功能体现为与权力缠绕在一起作为权力的可能性条件而起作用。因此他将对于权力的直观放在第一位,即首先考察权力的"怎样"运作的问题,提出权力构建的主体性是一个充满斗争的过程。例如在分析知识形态的话语时,福柯在《知识考古学》《规训与惩罚》中认为:权力游戏的一方总是希望使自己赋予对手的"个体性"能够真正征服对方以获得斗争的最后胜利,而具有稳定形态和"客观"形式的知识就成为可以利用的最好工具了;那些展示一定功能的话语不是为了获得知识本身的一致性,而是为了征服。

该理论虽然重点是分析受现代知识生产体系塑造、控制的个人与社会权力之间的关系,但用来分析国家作为权力主体之间的关系时也是合适的,内在逻辑与国际关系中的霸权理论也有着相似性:

沃勒斯坦(Immanuel Wallerstein)认为:"霸权是指国家之间的实力很不平衡,以至于其中某个大国在很大程度上将自己的规则及愿望(至少是以有效否决权的方式)施加于别国的经济、政治、军事、外交甚至于文化领域中去。"[①]米尔斯海默也将霸权国理解为"意味着对体系的控制,这一概念通常被理解为对整个世界的统治",因此分为"全球霸主"与"地区霸主"[②]。可见,"霸权国"是置于全球国家所生成的国际关系体系中考虑的,具有处于领导地位或居于国际关系网络中心、有能力控制或很大程度上影响他国利益和行为的国家权力身份主体之含义,历史上公认的霸权国如古罗马帝国、英帝国、美利坚合众国等;需要说明的是,古希腊共和国、热那亚共和国、荷兰共和国、西班牙帝国、葡萄牙帝国、法兰西帝国、德意志帝国、沙皇俄国等是称霸一时的强权国,并非居于领导地位的霸权国。其中,最近的霸权国——美国的近代崛起具体表现为它相对于

---

① IMMANUEL WALLERSTEIN. The politics of the world economy:the state, the movement and the civilizations[M]. New York:Cambridge University Press,1984:38-39.

② 约翰·米尔斯海默.大国政治的悲剧[M].王义桅,唐小松,译.上海:上海世纪出版集团,上海人民出版社,2008:42.

当时最强大的霸权国——英国的国力和地位此消彼长,最终取代英国以新的霸权国姿态屹立于"世界之巅",建构了当代国际社会主流的世界政治经济框架,具有强大的国力和控制国际关系的能力,实现了梦寐以求的"山巅之国"目标。这种国际权力地位的消长依托于英美之间在领导世界能力上的较量,更多以经济、科技等硬实力竞争为主。而美国将第二次工业革命所创造的先进科技理论、创新成果作为一种知识话语,向世界展示更强的科技创新实力和工业生产能力,构筑其卓越的领导能力。利用侧重经济、贸易功能的国际会展平台,发挥这些话语资源优势,逐渐地将世界经济贸易中心从欧洲转移到美国,反映在诸如世博会举办地芝加哥、圣路易斯、纽约等城市的国际地位在崛起阶段迅速提升等现象。此外美国还逐渐通过宣扬其国际主义思想及其框架下的国际秩序新构想来赢得国际声望。两次世界大战之后,在英法等欧洲传统列强衰落的废墟上,设计、重建了以美国式价值观及其制度框架为蓝本的全球新秩序,从而夺取了国际政治和制度建构上的话语权。因此,研究美国的崛起历程实际上就是考量其如何运用这些经济、科技、政治、制度等知识话语,变革旧有的、从属欧洲的权力关系,取代英法旧霸权、建立美洲新霸权的过程。这里英美之间的霸权转移正是权力话语在各个争霸领域发挥现实效用、助力关系转移的最终效果。从这个意义上说,国际关系学界也有类似的理论阐释工具,即"霸权转移理论"。

2)霸权转移理论的相关理论基础与主要观点

该理论属于国际关系领域中的现实主义派别,是基于"霸权稳定论"上的一种时间性延伸。作为理论基础的"霸权稳定论"是"新现实主义关于国际制度的最权威、最普遍认同的解释"[①],秦亚青则称之为"沃尔兹结构现实主义的典型范例"[②]。该理论分析了霸权国家的兴衰更替与国际冲突间的关系,即认为国际政治体系冲突频发、动荡不定的情况下很难建立霸权;而霸权的建立、维系和一定历史时期内的稳定是基于世界经济的持续膨胀、经济增长点的扩大以及地理上的扩展,三方面要素是国家发展、霸权兴起和大国战争的主要动力。

首先,霸权转移理论的理论基础之一是奥根斯基(A. Organski)承袭汉斯·

---

① ROBERT CRAWFORD. Regime theory in the post-cold war world: rethinking neoliberal approaches international relations[M]. Boston: Dartmouth Publishing Company, 1996:57.

② 秦亚青. 现代国际关系理论的沿革[J]. 教学与研究, 2004(7):56 - 63.

摩根索的现实主义理论范式提出的"权力转移理论",该理论聚焦的研究主要对象即是未来有望成为霸权国的候选者。他认为,在无政府的国际社会里,追求以权力界定的国家利益是一个国家的基本目标。一国只有不断地运用自身实力来影响他国的行为,才能赋予自身权力。国家间权力分配决定着国际体系的稳定与否,而保持体系稳定的关键在于,能否实现权力与满意程度之间的平衡①。权力转移理论基于两个解释变量,即相对权力和对国际秩序的满意程度,它们之间的互动后果是战争与和平的主要决定因素②。美国就具有将其实力转化为国际影响力的巨大愿望,并在第一次世界大战之后广泛卷入了国际事务,这种权力转移是必然的、无法避免的;新兴国家或挑战国家的出现是国际政治体系变迁的必然结果,只要大国间实力对比在不断消长,国际体系在发生着量变和质变,新兴国家就会以"挑战者"的面目出现;但它可以选择不做"霸权国家",可以选择不通过战争方式(或通过低强度战争)成为新的霸权国家;前者决定于客观事实,后者决定于主观意图。从这个角度分析,美国选择了尽量避免战争冲突、采用会展、谈判等和平沟通的途径来谋取利益、变革秩序。历史证明,这种方式促成权力转移是可行的。

其次,霸权转移理论的基础之二是乔治·莫德尔斯基(George Modelski)的"长周期理论",这一理论主要考察成为并维系霸权国的过程与动力问题。他指出,国际政治生活中存在着有规律可循的周期,并且任何一个特定的周期都存在一个霸权国或国家集团,在政治、经济、军事等领域发挥主导作用,且为体系提供公共物品。与之相似的是世界体系理论的提出者沃勒斯坦在"霸权周期论"(cycle of hegemony)中也强调世界经济在国际体系中的作用,他依据一国在生产总量、商业和金融三方面所处的国际地位,把霸权周期分为四个不同的阶段:霸权全盛期(victory)—霸权成熟期(maturity)—霸权衰落期(decline)—新霸权上升期(rising)。沃勒斯坦把霸权周期理论与国际冲突结合起来,认为在霸权全盛、成熟期,国际体系较为稳定、井然有序,大国冲突较少;而在霸权衰落期、上升期,由于新的挑战国不断涌现,国家间的霸权竞争日趋激烈,大国

①　A. F. K. ORGANSKI. World politics[M].New York：Alfred Aknopf, 1958：100 - 103,295.

②　JONATHAN M. DICICCO, JACK S. LEVY. Power shifts and problem shift：the evolulion of the power transition research program[J].Journal of colony resolution，Vol.43，No.6，December 1999：675 - 704.

冲突较多、程度最强;而战争是霸权国家保持经济优势地位的最终手段。从上述理论推导,美国 20 世纪崛起的步伐依次从世界经济领域不断升级、深入到文化、军事、政治领域建立霸权,也呈现了阶段性特征,为本书划分的四个崛起时期提供了理论依据。

最终,新现实主义学者罗伯特·吉尔平将"长周期理论""权力转移理论"相融合,在发展"霸权稳定论"的基础上分析了大国间的霸权转移现象,提出了"霸权转移理论",堪称集 20 世纪 80 年代新现实主义论述霸权稳定之大成①。他认为霸权国家的此起彼伏是国际政治生活的中心内容,全球战争是霸权建立所依赖的手段之一,国际政治是体系变革的决定因素。他在著作中专门分析了国际政治体系中的两个霸权国家:英国(1815—1873)与美国(1945—1967),分析各自的霸权成长过程及相互间的权力博弈、交接问题,认为经济效率和政治、军事力量是所有国家谋求霸权的两个核心维度;随着国家力量的增长,新兴国家开始寻求扩大领土、占有进一步发展所需的资源、希望从规模经济中获利,直至其扩张行为的边际成本相当或大于边际收益为止。美国 20 世纪初正是扮演着一种蒸蒸日上的新兴国家角色,从经济贸易扩张逐步升级到政治、军事争霸。而在英国霸权构建近代国际社会体系中,自由贸易机制是霸权出现的前提,对自由贸易的维护却需要霸权与其他大国之间的政策协调。从这个意义上,美国继承并发展了英国霸权时代的自由贸易原则,用于维系其霸权地位和利益。该观点的进步性在于,超越了传统现实主义者仅从美国实力兴衰的视角来论证权力推动美国国际地位变迁的问题。因为权力不简单归结为控制与被控制的关系,在权力发挥作用的过程中,多方互动、大国沟通是构建国际社会必不可少的途径,也是产生霸权的动力之一,美国霸权也借此并进一步强化了国际社会的制度化水平,重视制度建构和秩序重构,从而为自身提供了持久的霸权红利。对于会展沟通平台的功能而言,这种理论更有针对性地解释了权力作用过程中的一些大国合作、利益妥协与价值认同等现象。

此外,以基欧汉为代表的新自由制度主义也同意现实主义者关于霸权理论的某些核心假定:如对国际社会无政府状态、国家是自私且理性的行为体等基

---

① ROBERT CRAWFORD. Regime theory in the post-cold war world: rethinking neoliberal approaches to internation relations[M].Boston: Dartmouth Publishing Company, 1996:57.

本判断,并承认权力对国际制度形成与维系的功能。两大国际关系的学术派别在判定权力对国际社会形成的作用问题上殊途同归,认为权力与秩序相互依存,权力分配的转移往往导致旧有国际体系的冲突和秩序的破裂,甚至爆发霸权战争,导致最终的秩序重组,从而实现新的权力分配结果、确立新的国际关系框架。

综上所述,霸权转移理论的合理性在于:在美国成为霸权国的理论阐释模式上,不仅考虑权力(结构性因素)的核心作用,还强调了国际制度(进程性因素)和文化、观念等价值因素的影响。霸权转移论作为西方国际关系理论中较有影响的流派之一,被广泛地用于阐释国际体系为何在某些情况下能有效运作,而某些情况下国际合作却未能成功的现象。对于当下正在发生的东西方权力转移尤其是中美大国间权力转移的情势,基于霸权转移理论范式的拓展与创新应提上日程,也需要寻找包括国际会展沟通手段在内的更多问题切入点加以重新审视和构建。

五、主要观点与创新

(一) 会展活动在美国崛起中的历史功能:融入并重构欧洲主导的国际秩序

20世纪美国崛起可被细分为四个阶段,亦是本书关注的重点。这一期间,基于战略意图来选择不同类型的国际会展活动一直贯穿着美国的治国历程,折射出它在不同历史情境下应对主要矛盾的政策变化与国家智慧。

1.美国重视运用会展沟通工具的崛起路径:超越以往军事与殖民争霸的时代创新

从霸权转移的规律来看,英美关系成为美国处理外部环境矛盾的"题眼"。而这一过程中如何利用国家之间的主要沟通工具——国际会展活动,进行权力分享与博弈,缓和利益矛盾与军事冲突,是崛起国有效的减压措施和柔性竞争手段,美国的成功案例为我们提供了有益的历史镜鉴。

新现实主义代表学者吉尔平提出的"霸权转移理论"认为,经济效率和政治、军事力量是建立和维系霸权的两个核心维度,新旧霸权国对掌控这些核心资源要素的此消彼长最终推动了霸权的转移。这一规律适用于解释 20 世纪发生的英美霸权转移过程:突出表现在原霸权主导国英国经两次大战力量彻底衰落之时,对美国所扮演的自由贸易秩序继承与维护者角色采取了"让渡"权力的策略,两国重视通过沟通协商方式,相对"和平"地完成了英美霸权的转移,而并未发生与其他谋求霸权的新兴强国如德国、日本之间的激烈冲突;而新兴霸权美国则通过与其他大国之间的"政策协调"重新建立起新的世界秩序,并从美国化的国际制度体系中获取了持久维护霸权的各种资源。因此,回顾美国 20 世纪前叶崛起的历程,尤其他在处理与原霸权国英国之间的权力"和平"转移方式,不仅要考虑"权力(结构性因素)的概念,还要强调国际制度(进程性因素)和观念的价值"①,避免单纯从美国实力的兴衰来判断并不同步的其国际地位和影响力的悖论,进而解释了"为什么当前美国单极霸权战略"因屡屡打破国际规则、实行单边主义面临"四面楚歌境地"的现象。可见,美国第二次世界大战后成功登上世界霸权宝座的方式和过程,很大程度上是因为避免与既有霸权国发生正面军事冲突或战争,而是重视通过会展沟通手段在内的大国协商才得以建立"制度霸权",其具体策略及背后的国家智慧体现在:从美国崛起路径来看,并非呈现简单的线性增长态势,而是不同声音历经数次协商和反复试错,以及来自内外部不同利益集团的各种力量交织、博弈的过程,屡次发生争霸路线上的曲折与修正;而会展活动作为对内、对外的战略沟通工具,有效发挥了应对不同团体及其声音的协调认知、促成妥协、达成共识的功能(见图 0 - 4)。

如上可见,当国内陷入经济危机或外部强权联合抵制又具有市场开拓空间时期,美国的孤立主义传统往往力量强大,如何刺激产业发展、提振民众信心、积蓄国力、解决经济发展等问题成为主要矛盾,如 20 世纪的第一、第三个崛起阶段,这两个时期美国往往采取回避政治军事对抗、侧重经济技术或文化上全球扩张的策略,重点通过主办世博会等国际展览向世界分享最新的工业生产和技术创新成果,提供物质性公共产品来争取国际合作与信任、缓冲对抗风险,塑造引领全球发展与经济、文化繁荣中心的形象,采取依托软实力与欧洲霸权柔性竞争的策略。

由此可以推论,20 世纪前叶美国崛起的成功经验可概括为:围绕国际竞争

---

① 门洪华.霸权之翼:美国国际制度战略[M].北京:北京大学出版社,2005.

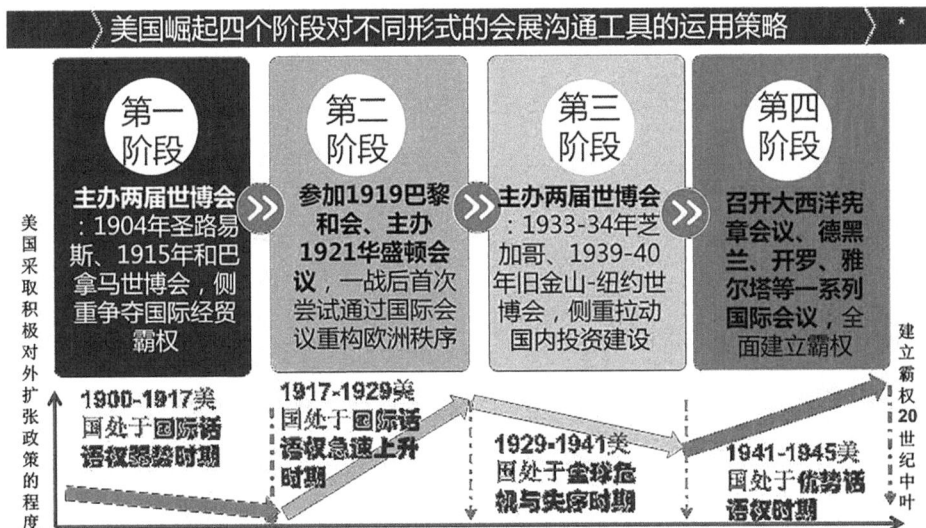

图 0-4　美国 20 世纪上半叶崛起不同阶段中对会展沟通工具的运用策略

与合作的关系演进主线,在大国崛起的不同阶段针对当时的主要矛盾制订适应国家实力和国际环境变迁的发展战略,妥善处理内外矛盾,尤其重视与既有霸权英国、崛起的大国苏联等的利益协调关系,通过保持对话与沟通、强调大国合作来低成本地谋取国家利益,并抓住机会重构国际秩序与外部环境,拓展进一步生存与发展的战略空间。从这个意义上说,重视并成功运用国际会展沟通工具的策略是服务于国家崛起的内外政策系统之重要组成部分,见图 0-5。

2. 美国在国家战略实施过程中运用不同类型的会展沟通方式及其缘由

回顾美国积极参与国际会展活动的历史,与美国的民意基础及国家战略密切相关。对照前述美国在地理位置、赴欧参展和参会成本高昂等先天劣势,使其在寻求拓展对外经贸通道、获取海外商业利益的机会面前更为迫切,希望通过发掘会展沟通平台的功能、大力发展会展业以满足不断扩大的全球交往需求,因而它组织参加的会展活动更多是主动为之,有更多国家意图和战略规划色彩,取得的成就来之不易。

在侧重对外经贸、科技文化交流功能的国际展览上,美国一贯重视参加和主办世博会等大型、综合性的国际展会。尤其是进入 20 世纪,美国在面临国家发展空间日益受限的内外部矛盾之际,才开始真正发力,将其强大的工业生产、

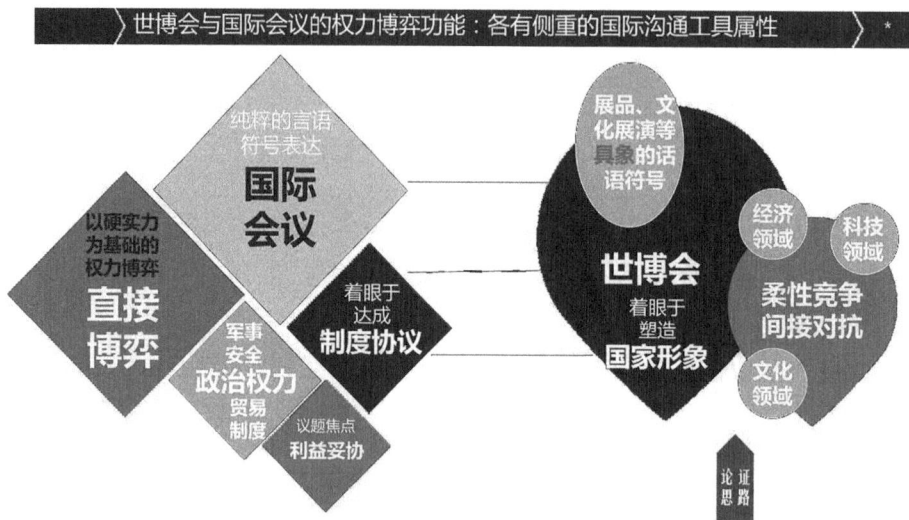

图 0-5 不同形式的国际会展权力博弈功能比较

技术创新能力通过世博会向全球投射,连续举办了 5 届世博会,有力助推了强国形象的塑造和国际地位的崛起。相比同时期并未举办世博会的竞争对手德国、日本,美国更加专注于通过世博会与传统列强展开合作及博弈,不仅借机发挥了自身的经济优势,也在国力竞争上收到了更显著而持久的效果:其争霸方式替代了传统欧洲式的代价高昂、以军事挑战和政治对抗为主的强硬手段,首先强调了通过和平对话、注重价值分享的柔性竞争策略,从而有效减低了与既有霸权国的正面冲突,拓展了大国之间的利益合作空间,更平缓、渐进地推动了以英美霸权转移为主的国际权力中心变迁,最终实现美洲本土基本未遭战火的"和平崛起"。

但不可否认的是,仅仅依靠经济、科技与文化的力量来谋求领导世界话语权的效果是间接而有限的。美国回避军事对抗、以获取海外经济利益优先的全球扩张战略不可避免地将触碰既有国际政治框架的"天花板",动荡的国际局势也经常干扰其执行孤立主义的传统国策,它最终还须直面挑战欧洲政治、军事的传统霸权,将积蓄的强大国力转化为全盘改变世界秩序的话语力量,完成国际霸权的转移以确保自身发展的长期安全与稳定,获取更多而持久的战略资源。

（二）权力转移中会展沟通的必要性：战争手段以外的权力分配与重构路径

1. 会展活动之于大国崛起：服务于国际沟通的"话语—权力"工具

1）国际会展沟通的符号学阐释：国家层面拓展福柯"话语—权力"理论

国际会展活动在全球权力竞争与霸权转移中的功能可归结为话语工具同权力目标的内在联系上。福柯的"话语—权力"关系集中探讨了发生在"个人—社会"的对立框架上，认为个体受到社会规训的方式就是接受具有权力规训功能的话语，无力摆脱话语力量的束缚；在话语规训的过程中，个人看似具有一定的主动性和选择性，尝试用话语来表达个性主张甚至对抗社会传统，但却无力对抗整个社会话语体系本身。因此，话语呈现了权力工具的功能属性，使人们在运用语言进行对话和思想交流的过程中完成了个体被纳入社会规训系统的转化，个体被话语形塑为社会网络的有机组成部分，话语也因此建构起了服务于国家权力控制目标的一整套功能体系。

那么，对国家而言，这种规训的过程是否也在同样发生呢？从国际自由主义和建构主义的主流观点来看，不断深化和扩张的全球化将大部分民族国家也纳入了一个正在建构的国际社会体系，这一过程也同样依靠了具有功能属性的国际话语来实现，无论这些话语是以民主制度、自由贸易规则，还是国际责任、意识形态标签等形式呈现出来，它们都在日益紧密的国际沟通与交往过程中逐渐规训了主导国家政策和推动国际社会发展的精英和民众，呈现了教化与同化的功能。而这在第二次世界大战以后美国主导的国际政治经济秩序下有着更为显著的表征。

该过程在 20 世纪之初加速，其最大的推手就是尝试重构国际规则、重视大国沟通合作的美国。虽然它在开辟不同于德、日军事争霸的国际竞争新路径时，并非遵循预先设计好的笃定决心、步步为营的战略路线图，而更多是立足自身的历史传统和国家天赋的策略选择；其过程也经历了克服 20 世纪之初对欧外交的畏惧、经历了 20—30 年代对外政策反复等经验教训才最终成型的。

审视以近代国际会展为沟通渠道的美国外交史，我们发现这种话语与权力的"纠缠"以及不同主体间围绕话语权的博弈体现在多国的展会互动过程中。例如，美国主办的世博会上，与会各方在沟通中充满了观念冲突与认知协调的现象,西方文化体系内部的美欧新旧势力之间、中国与欧美的东西方不同文化体系之间都发生着显著的观念碰撞与融合,及其带来的价值认同乃至文化地位从属关系的变迁等,它体现了世博会以科技、文化为主的知识话语为展会沟通平台服务的符号互动性与传播特质,印证了福柯在话语分析中关注的"知识—权力"关系问题。① 具体可解读为以下四个层次。

首先,从"权力—话语"的视角看,美国主办世博会时设计了展会上被展示的符号形态,包括展品、展馆、园区文化场景设计、展示交流主题等都可视为不同形态的符号,它们完整地建构了一套具有展示功能的、表达文化秩序的符号体系,即话语,这是美国展现全球扩张、文化竞争与征服意图的一种文化编码方式。

其次,从沟通符号的文化编码——解码理论来看,围绕世博会的符号生产、体系建构等话语实践过程,在西方工业文明的全球化扩张以及欧美、中美等大国关系上发挥了重要而独特的能动作用,以展品、展馆等具象物品为文化内容载体,提供给传受互动双方以生动、具象的话语工具,实现了促进文化交流、增强认知协调等会展传播效果。

再次,对会展沟通的强势一方而言,使用的话语"作为展示秩序的符号体系",在话语实践过程中建构了会展场域内不同交往主体间的沟通情境,与会各方约定并遵循的"竞争、征服、加冕"等仪式化的世博交往规则,赋予并强化了其知识生产的创新激励功能及历史见证意义;美国也借机增添了一种平和而有效的国力竞争方式,发挥自身处于优势的经济、科技、文化等实力,与希望博弈或征服的对象——欧洲、美洲、亚太(包括中国)等发生了国际关系的重构或建构。

最后,对会展沟通的弱势一方而言,在提供给作为"落后"文明的展示机会与博弈空间的制度设计上,世博会能够赋予原本政治地位边缘化的美国与传统欧洲列强同场展示、博弈的机会,获得更充分的符号互动空间,尽管其最终目

---

① 在福柯《性经验史》第一卷中,话语与权力两种网络形式实现了多向度(甚是全方位)的交织,权力不再是权力发出者与被压迫者之间的单向关系了,而是有"来"有"往"、不断往复的关系网络。话语的功能体现为与权力缠绕在一起、作为权力的可能性条件而起作用。因此他将对于权力的直观放在第一位,即首先考察权力的"怎样"运作的问题。权力构建的主体性不是如人们通常所认为的那样是"自然而然"的过程,相反是一个充满斗争的过程。

的、效果仍回归到巩固以西方为中心的权力征服与工业文明同化上来。^① 这也是世博会作为文化交往层面的制度设计的优势,使之超越了单纯的政治谈判、军事征服为话语弱势的一方提供的极为有限的对话空间和博弈机会。

上述世博会的四种文化传播特质均基于其强调多元、开放、相对平等的国际展会制度设计理念,这也体现了它作为全球化、工业化阶段的一种传播人类文明进步理念、创新国际交往方式的时代价值;它的话语实践过程及其"知识—权力"运作机制为今天中国的大国崛起、全球战略的话语创新提供了可资借鉴的历史参照。由此推论,今天中国的大国崛起同样面临美国崛起时面对欧洲传统话语体系的排斥与边缘化问题,而在国际话语权尚未达到相对传统强权的绝对优势地位时,需要更多地借助已有的国际展会等沟通平台和博弈机会,积极参与、融入并组织更多的国际会展活动来实现提升全球影响力、推进大国崛起等战略目标。

2) 历史上大国合作与竞争时运用会展工具对权力的建构过程及其机制

国际会展活动所使用的"话语",是国家实力向外投射的重要载体,表征为霸权国或崛起国对外提供不同层次、形态的国际公共产品:即物质性、理念性、制度性公共产品^②;通过这些公共产品形态的话语与他国展开"竞争与合作"。而服务于国际竞争与合作主题的国际会展活动主要形式——世博会与国际会议,各有侧重地发挥了沟通与博弈的话语功能,相互补充、共同助力美国相对英国旧霸权的和平崛起,见图 0 - 6。

从合作的角度看,如果将利益比作一根弦,牵动着两端作为权力主体的不同国家,在利益交换的过程中权力关系不断延伸、相互交织,将众多国家日益紧密地拉近,并联结为一种动态的共同体;那么,服务于构建权力关系的利益交换过程及其使用的话语工具自然成为建构国际共同体的"黏合剂",围绕它的具体会展沟通方式则起到生成或强化这种关系的效果;而基于国际自由主义和建构

---

① 在话语(知识)与权力的关系上,福柯在《知识考古学》《规训与惩罚》中认为:权力游戏的一方总是希望使自己赋予对手的"个体性"能够真正征服对方以获得斗争的最后胜利,而具有稳定形态和"客观"形式的知识就成为可以利用的最好工具了;那些展示一定功能的话语(将"个体性"赋予对手)不是为了获得知识本身的一致性,而是为了征服。

② 赵磊提出国际公共产品可分为三个层次:物质性公共产品、理念性公共产品、制度性公共产品。物质性公共产品的供给方最好是企业,理念性公共产品的供给方最好是专家、学者,制度性公共产品的供给方最好是政府。

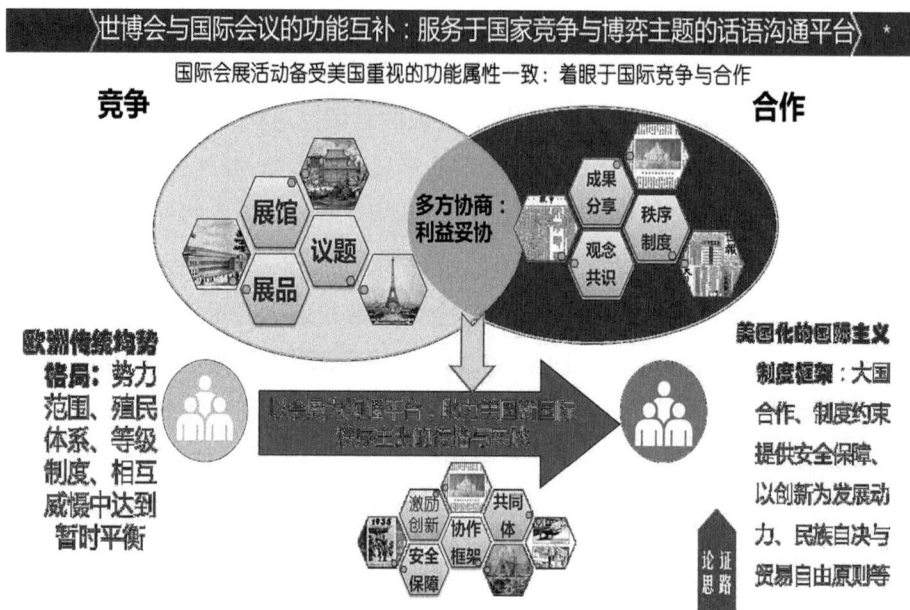

图 0 - 6　不同形式的国际会展活动服务于国际竞争与合作主题的功能机制

主义的视角,一个国家从崛起时期意图改变旧有格局到霸权时期重建国际秩序,能否提供有益各国发展和参与全球治理所需的公共产品,是吸引国际合作、形成利益共同体的核心动力。审视美国崛起时提供的国际公共产品形态,在初期以物质性公共产品为主,如世博会上面向世界分享的最新工业技术产品,从柯林斯蒸汽机到爱迪生发明的电灯、电报、电话,再到福特、通用的汽车、飞机等展品,但物质性供给的缺陷是"利尽则散",对美国提升国际地位的效果并不持久;当然也包括一些制度性国际公共产品,如福特制的生产流水线、现代教育体系、西尔斯百货等,这些先进的生产管理模式、人才培养制度、商业模式的供给者是大企业,它们担纲主力也成为美国引领世界经济发展、技术升级、进入现代社会的重要标志。从传播效果上看,产品形态越高级,话语影响力越持久;此外,国际公共产品形态的升级也彰显了美国崛起时引领世界发展的创新能力大大提升,其先进的发展模式具有替代欧洲传统思维的时代进步性,从根本上助力了美国最终成为现代国际社会的制度供给者,成为人类历史上首个"制度霸权",能够更持久地享有全方位主导国际秩序带来的霸权红利。

从竞争的角度讲,国际现实主义者认为,权力是保障利益关系结构、维系关系网络结构稳定的根本要素,权力地位的消长必然导致利益分配及相应关系的变化。因而,在国际体系内拥有更大话语权的崛起强国,无疑是能够有效牵动多条利益之弦的主导者和多方利益关系网络相交织的关键节点;而霸权国则是有能力和意愿编织利益关系之网、处于网络中心的编织者,一旦各国游离于其权力控制网络之外,甚至另起炉灶,则不可避免地带来话语主导权的衰落和霸权转移,20世纪前叶的英美霸权转移正反映了这一规律:第二次工业革命领导者的美国依托强大的国力在19世纪末、20世纪初逐步取代英国,以科技、经贸、文化等优势资源为利益诱导,编织了以之为核心的全球利益之网。回顾这一过程,它借欧战之机召开世博会,努力塑造了全球新的产业发展与繁荣中心的国际形象,将全球利益关系之网的重心从欧洲大陆内部加速转移至大西洋两岸;又通过两次世界大战后的商讨赔款、战债、重建欧洲秩序等国际会议,将原本发生在欧洲诸强内部的纷争重点转移至大西洋两岸的美欧之间,凭借这些现实利益与权力博弈的筹码,借助会议议程设置、协商沟通等手段,实现了话语权的重塑并生成了新的利益共同体及其秩序框架,最终构筑了全球权力关系网络的主导者地位。而欧美间的权力转移过程必然须借助国际会展方式来达成全球共识、形成更具持久效果的制度保障,在美国的国际话语权争霸过程中扮演重要角色,为国家的战略目标提供了话语工具和沟通博弈的正式平台。

2. 会展组织能力是重要国力指标:软实力范畴中的吸引力与资源整合力

约瑟夫·奈在国家层面的政治、经济、军事等可以度量的"硬实力"基础上,提出了国家"软实力"的概念,是指"民主制度、自由市场体制和西方文明"的发展程度①,并在保罗·肯尼迪"大国兴衰论"的基础上提出了"软权力"理论。②该理论认为,"软权力"意味着一种"吸引力、间接能力或罗织能力"③,从这一概念延伸开来,会展沟通平台的搭建恰恰是为强化霸权国在优势资源上的内外吸

---

① 硬实力主要是指在调动政治、经济、军事等资源方面的能力,软实力更多是指的文化、国际关系、价值理念方面的影响力。

② JOSEPH NYC. The transformation of world power[J]. Dialogue, No. 1,1990.

③ JOSEPH S. NYE. The paradox of American power: why the world's only superpower can't go it alone[M]. New York: Oxford University Press, 2002: 5-12; JOSEPH S. NYE. Soft Power: the means to success in world politics[M]. New York: Public Affairs, 2004: 1-33.

引力、整合能力服务的：无论是英国召开首届世博会时，旨在面向世界展示其强大的工业生产能力和世界贸易中心地位，还是法国、美国后来居上，通过积极筹办世博会、展示艺术文化实力和第二次工业革命成就，意图都在于吸引全球目光、塑造工业文明时代的工业生产、国际贸易与科技创新中心等强权形象，从根本上说举办国际展会的目标正是一种"罗织"关系网络的行动，源于国家自信和实力基础；而且，这种强化自身科技文化吸引力的方式，为潜在的霸权竞争者"罗织"新的关系网络、加速世界权力中心转移，提供了战争手段以外的和平争霸路径，是一种服务于软实力建设目标的有效策略，与国际贸易网络建设、国际金融中心建设、国际制度推广、国际文化传播等多领域的战略竞争工具一道，共同为霸权目标服务。该理论很好地阐释了英美 20 世纪和平权力交接的历史，我国学者门洪华教授总结为："回顾美国 20 世纪前叶崛起的历程，尤其他在处理与原霸权国英国之间的权力'和平'转移方式，不仅要考虑'权力'（结构性因素）的概念，还要强调国际制度（进程性因素）和观念的价值，避免单纯从美国实力的兴衰来判断其并不同步的国际地位和影响力的悖论。"①这种观点正是建立在系统、全面地考察美国运用软硬实力与欧洲争霸等现象之后的结论。可以说，"软权力理论"就是对美国立国至今对外战略的总结和归纳，由此延伸出来对国际制度作用的强调，代表着美国霸权的核心特征，也代表着美国霸权谋划的高度。

从国家崛起的外部条件看，霸权的产生与新老霸权更替等国际环境因素导致了大国间的合作、竞争或对抗态势，这也与不同时期国家主动的发展策略选择密切相关，选择的结果取决于一国在崛起过程中能否为各国提供有吸引力的公共产品或现实利益，这对降低外部敌意或抵制、达成妥协、形成利益共同体有关键影响，也关系到崛起国在不同阶段能否妥善地解决好主要矛盾、赢得进一步的发展空间。

而国际会展活动所使用的"话语"，正是国家选择以何种方式表达利益诉求、应对国际矛盾的关键要素。会展活动可被视为国家在内外部各种力量、不同层次的权力主体之间编织一张利益之网的"梭子"。

诸如世博会等国际展览平台营造了一张动态的利益关系网络，将国内企

---

① 门洪华.霸权之翼：美国国际制度战略[M].北京：北京大学出版社，2005：30.

业、民众、各个阶层联结起来,分享内容、促进合作、凝聚人心、提升国力;同时也将不同国家在此时空场域内集聚起来,相互沟通与学习、展开竞技与加冕,以增进理解、促成共识,因此国际展览不失为一项有效的关系建构与协调工具,并为霸权的形成提供了正式的秩序安排认可与持久的制度保障。

如何运用国际会展作为战略对话工具为国家崛起服务,不同历史时期也应各有侧重,在进入 20 世纪后全球化、工业化、现代化趋势不断加速的历史情境下,美国崛起之路虽有政策方针上的反复,经常在孤立主义与国际主义路线之间摇摆,但总体上对会展战略工具的重视、设计与运用是成功的,因为选择哪种会展沟通方式取决于国家该阶段所看重的不同领域的现实利益目标及其所面对的主要矛盾、内外部环境变化,美国的路线选择结果体现了其精英阶层的顶层设计智慧,及其与民众达成共识的沟通与劝服技巧,其中扮演了重要角色的会展沟通经验也为我们今日的大国崛起之路提供了有益的历史镜鉴,见图 0-7。

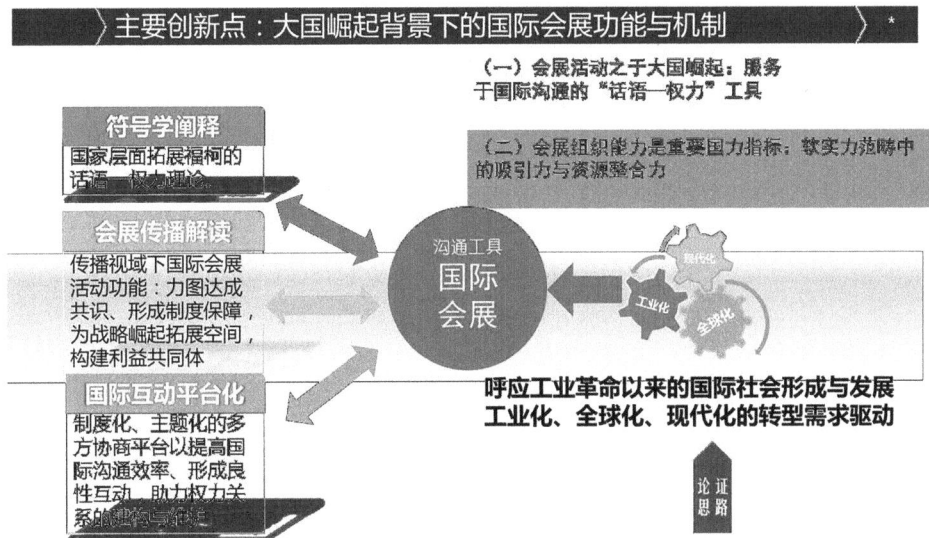

图 0-7 服务于大国崛起的国际会展功能机制

19 世纪末 20 世纪初,世界格局进入了一个新的剧变期,突出表现为经济贸易、科技文化的发展重心开始从欧洲向美国加速转移。这种转移带来了资源、财力、人力乃至国际关系与相应权力的迁移,以欧美间的综合国力消长为基础;在美国国内工业生产、经济结构变革及其产生的强烈对外贸易诉求驱动下,美国开始突破孤立主义传统、加速向世界扩张,不仅造成了欧美之间更多的利益往来以及冲突、摩擦,也使美国遭遇了可能日益陷入欧洲传统列强集体抵制的危机,正如 1903 年的一位法国前外交部长所忧虑的问题:"我们是否面临美国的威胁? ……(答案是)旧世界将面对美国而走向失败。"由此,美国也希望通过各种途径加强与外部世界,尤其是同欧洲诸强之间的沟通理解与相互合作,旨在争取更多的外部权益、国际认可乃至经济、政治、军事、文化等各个领域的话语权,成为建构新型国际关系的主要倡导者和推动者。在此历史情境下,无论是侧重经济、科技、文化交流的世博会,还是各类政治、军事议题的国际会议,都被愈发渴望走向世界、对外交往的美国所倚重。从这个意义上看,国际会展活动在美国崛起、日益走上世界舞台中心之际越来越发挥出助推功能,扮演起了国际沟通平台的关键角色。

第一章 沟通背景及目标：
世博选址与庆典之名——办展时空选择

美国进入 20 世纪之际面对的是一个全球格局剧变前的世界，各个领域内变革固有秩序的力量在加速集聚，而这些力量汇聚的中心指向了美国自身，历史前进的车轮将它推上了担当主导者与领军人的位置。这一变革过程始于经济、科技、文化领域，完成于军事、政治领域和建构国际制度框架的权力中心地带。

剧变突出表现在欧美间的国家实力、国际影响力的消长，以及随之而来的权力转移；变迁过程中必然发生着双方的沟通与博弈行为，掺杂着各个领域的利益纠葛、话语冲突与关系互动。具体而言，欧美分别代表着两次工业革命的领军者形象，在未来的发展空间、权力分割等问题上，彼此需要通过寻找战争途径以外的低成本及可控手段来实现利益和权力的共享，国际会展活动正是双方既博弈又合作的最佳选项，围绕会展平台的双方互动最终也推动了新老霸权之间的转移。可以说 20 世纪伊始，国际会展活动被赋予了世界格局急剧变迁中的一项历史使命：美国作为主导者，越来越积极地运用此类沟通工具，协助其同外部世界的发展关系、开展竞争与合作，以争取更多的国际权益和未来发展空间；而英法等传统欧洲列强也需要利用 19 世纪在国际会展中积累的制度与话语优势，规训对美国等新兴大国的未来发展方向与崛起路径，避免直接的军事冲突带来的更大损耗。在这种历史语境下，欧美双方愈发需要以国际会展活动为契机加强互动、谋求妥协，旨在实现利益共赢的最优结果。

一、战略转型：延续国际会展活动传统，形成对外扩张新篇章

回顾美国 20 世纪以前的发展史，我们可以看出其国力提升及对外扩张主

要依托并局限在美洲大陆以内:从建国到19世纪中叶的南北内战结束,美国通过"西进运动"(18世纪末—20世纪初)以移民开拓或购买土地的方式①,结合美墨战争(1846—1848)、美西战争(1898年)等征服手段②加速疆界扩张,并经内战获胜理顺了阻碍工业化的主要矛盾,为国家崛起准备好了客观条件和制度基础;从内战结束后1870年代开始,在"西进运动"的第二阶段迅速完成了工业化,工业产值超越英国成为世界第一,急剧扩大的市场规模和产业革命使之进入崛起的高速发展期;而1890年代以后经历了几次短暂的经济危机(1893年、1897年等年份爆发),开始集中反映出国家进一步发展所遭遇的瓶颈,即强大的工业生产能力和相对有限的国内市场逼迫美国将扩张目标投向大洋以外。在力量迅速膨胀的工商企业集团推动下,美国通过1898年的"美西战争"将争霸焦点外延至太平洋,目标直指大洋西岸的亚太腹地,希望借占据菲律宾的战略立足点,进一步展开同传统列强在亚太地区尤其中国的利益争夺。

这时的美国携"美西战争"获胜之红利进入20世纪,但海外扩张的步伐却遭遇传统列强的警觉和抵制、国内的孤立主义民意制掣等因素暂缓下来,使它开始寻求有别于欧洲传统殖民扩张的方式和单纯依靠军事争霸的路径,来满足进一步膨胀的国际权力欲和海外利益。具体而言,就美西战争后的历史情势来看,当时的美国正处于经济结构急剧调整与国力迅速增长的黄金发展期——"进步主义"时代,直到1917年参加一战之前,相对和平的外部环境为其推动产业革命与科技创新提供了良好的条件,但一些阻碍国家发展的因素依然存在:国外面对的是欧洲尤其是英国霸权对此新兴强国意图颠覆既有秩序的敌意和抵制,"美国威胁论"甚嚣尘上,若继续走欧洲式的军事扩张与殖民争霸的老路代价巨大,容易激发更为严重的对抗态势,破坏有利的发展环境;国内则是孤立主义传统观念的力量依旧强大,主流民意主张奉行经贸扩张之路、避免介入欧洲政治纷争,总统在制订对外政策时会受到国会中多数代表保守思想的政治集团制掣,难以继续采用美西战争的殖民争霸方式。因此,上述内外阻碍因素使得美国更倾向于在国际相对和平的大环境下,采取平和而隐蔽、代价更小的

---

① 1803年购买法属路易斯安那,1810年、1819年购买西属佛罗里达,1853年推进到太平洋沿岸,1867年购买沙俄阿拉斯加。

② 1830年通过《印第安人迁移法》把印第安人迁移到密西西比河以东,1846年强迫英国订约把北部北纬49度线延伸至大西洋沿岸,1894年在檀香山推翻夏威夷王国,1898年兼并了夏威夷群岛。

争霸方式与崛起路径；而 19 世纪下半叶伊始的国际会展热潮不减，欧洲列强争相举办各类产业展览，几乎无国不会、无年不展。于是，以世博会为代表的国际展览自然成为美国首选的对外扩张、促进国际沟通的战略工具，它使该时期的美国能够充分发挥自身的经贸与科技优势来实现谋求争夺经济、科技、文化霸权的目标。总的来看，20 世纪的美国通过世博会的和平沟通、竞争方式逐渐加速对外扩张步伐，这一阶段可被视为其争夺世界霸权的起飞期。

实际上，美国在内战结束后加速工业化以来，一贯重视参加世博会等各类国际展览来刺激科技创新、拓展国际市场。当时的资本主义世界正在经历产业与科技的黄金发展期，世博会成为工业革命进程中西方各国一个最佳的实力展示舞台与和平竞技场。于是，在英国 1851 年举办首届伦敦世博会以后，美国就急切地在 1853 年纽约办博；之后在 1876 年的费城和 1893 年的芝加哥主办了两届世博会，且从未缺席英法列强在欧洲大陆举办的历届世博会。美国展览史专家史蒂芬·康恩认为，19 世纪下半叶美国屡次举办世博会的热情以及当时国内兴建大量博物馆的热潮，实质上充分体现了博览会所被赋予的国家功能：这些博览会的积极组织、兴办者们"鼓吹着美国在海外的商业拓展，将商业描述成无须殖民统治就能使人们享受到帝国所带来的一切好处的新的途径。从这个意义上讲，博物馆在关于美国帝国主义的竞争中扮演了相当重要的角色"[1]。可见，美国具有一贯重视办博的传统，更有借助世博会展示实力、谋划争霸国际舞台的战略意图。因此，在 20 世纪初美国崛起进入瓶颈期、发展局势内忧外患的情势下，它自然期望通过主办世博会在更有竞争优势的经济、科技、文化领域，谋求扩大实力、提升国际地位，避免过早地陷入军事、政治力量相对弱势的争霸困局，通过国际展览对外塑造和平、发展、进步的国家形象，把自己打造为世界新的繁荣中心。

二、世博会选址：
圣路易斯购地纪念与巴拿马运河开通庆典的仪式功能

国际会展活动尤其是世博会等重大国际盛事，不仅是单纯意义上的一次展

---

[1]　史蒂芬·康恩.博物馆与美国的智识生活（1876—1926）[M].王宇田，译.上海：上海三联书店，2012：28.

览行为,也是国际交往和塑造国家形象的重要契机,兼具促进外交沟通的政治功能和加速产业发展、拉动城市建设的经济功能。因此,在重大活动的选址上须经决策者的精心筛选,国内申办城市间的竞争也十分激烈,不仅要在硬件上投入比拼,还须借助各种"软件"资源精心包装以增加成功概率。其中,作为一种国家行为,起关键作用的还是决策者在战略层面上的考量结果。

(一)美国 20 世纪初主办两届世博会时的选址缘由:展示西进运动的成就

20 世纪之初美国的对外扩张目标主要定位于建立美洲霸权和开拓亚太市场方面,对欧洲也需要展示其强大的经济、科技实力,以获得代表美洲地区强权的国际身份认可。因此,这一阶段主办世博会及其选址时,如何更好地实现这些目标成为其重点考虑的因素。

在美国建国以来的西部开发史上,圣路易斯和旧金山作为成功的城市建设典范,象征着一种"进步主义"时代精神,向世人展示了美利坚民族成长史上"西进运动"的巨大成就,因而成为该时期两届世博会的举办地。首先,美国进入 20 世纪后的首届世博会在圣路易斯召开,以纪念路易斯安那购入 100 周年为由举办,会期从 1904 年 4 月 30 日至 1904 年 12 月 1 日共 185 天,吸引了 60 个国家前来参展和 1 969 万人次的观众。地处美国中部密西西比河沿岸的圣路易斯是美国路易斯安那州的首府,历史上作为法国的管辖地,在 1803 年 3 月 9 日借欧洲英法对抗之机从拿破仑手中购得,1803 年美国政府代表门罗赴法谈判,于 4 月 30 日签订圣路易斯购地协议,因而 1903 年 4 月 30 日恰逢美国购地百年的纪念日,但以之为名的世博会庆典却晚 1 年即 1904 年在圣路易斯召开。该地后来发展为当时美国西进运动的桥头堡:1804 年 5 月至 1806 年期间,美国总统托马斯·杰斐逊(Thomas Jefferson)任命陆军上尉刘易斯(Meriwether Lewis)、少尉克拉克(William Clark)为领队,就以圣路易斯为起点,进行了国内首次横跨美洲大陆、直抵太平洋沿岸今俄勒冈州的考察,史称"刘易斯与克拉克远征"(Lewis and Clark Expedition)。这次远征考察对美国后来的"西进运动"意义重大。两人带回详细的西部地区情报极大鼓舞了美国开发西部的信心,吸引了更多移民沿密苏里河西进,开辟家园。美国史学界认为,从 1861 年内战结束到 1945 年第二次世界大战结束是"西进运动"的第二个阶段,伴随着美国从农业国迈向工业国的重要转型。1861 年至 1914 年间，超过 2 700 万海外移民中的大多数都迁居到中西部，目标是为了寻找快速工业化所带来的在铁路建设、矿山开采、钢铁和纺织业、畜牧围场等领域的大量工作机会。其中的圣路易斯当时就拥有美国密苏里州及整个密西西比河谷区最多的人口，也是该地区的中心城市，运输、制造业、经贸及文化教育水平首屈一指。圣路易斯至今还建有纪念美国"西进运动"的一个巨大不锈钢拱门标志——"西进之门"，也成为今日美国的三大地标之一，象征着开拓进取、勇于冒险的美利坚民族精神。

因此，1904 年美国选址在圣路易斯主办世博会，正是以纪念购入路易斯安那地区 100 周年为由，意在彰显其"西进运动"的伟大成就，而圣路易斯则被视为西进运动的"桥头堡"，借举办世博会主场之机成为向世界宣传美国精神的一扇窗口，恰恰印证了世博会作为国家仪式的文化象征功能。

20 世纪初美国举办的第二届世博会选址在旧金山，以庆祝巴拿马运河开通为由，会期从 1915 年 2 月 20 日至 4 月 12 日，受一战影响共邀请到 24 国参展，吸引了 1 887 万观众。旧金山是美国西部开发中最具吸引力的热点地区，是席卷全球的"淘金热"的中心，也因此迅速发展为太平洋沿岸的中心城市："一战前，旧金山在西部沿岸城市对外贸易中就居支配地位，主要与夏威夷、日本、中国等开展贸易。"[①]该地原为西班牙殖民据点，后改由墨西哥接管，美墨战争后成为美国西部加利福尼亚地区的一个沿岸县城；1848 年加利福尼亚地区率先发现了金矿，"淘金热"自此迅速蔓延至全世界，旧金山成为大量淘金者的首选落脚地并吸引了大量移民。当地人口 3 个月内就由 500 人激增至 2.5 万人，至 1870 年更是增加到 15 万人。大量淘金者的到来还带动了当地商业、工业和城市规模的蓬勃发展。旧金山不仅成立了联邦造币厂，还增长为密西西比河以西最大的城市，整个加利福尼亚地区 1850 年也正式成为美国联邦政府的第 31 个州。在确定承办世博会不久，1906 年 4 月 18 日早上的 8.25 级大地震及其引发的全城大火使之成为一片废墟；约有 3 200 人丧生、25 万人无家可归，514 条街道、2.8 万幢建筑焚毁倒塌。但这次灾难却使旧金山如凤凰涅槃般仅用 6 年时间就完成重建，并希望借世博会之机向世界展示其大地震 10 年后的新貌：1915 年在现今滨港区举行的巴拿马—太平洋世界博览会，已完全无法察觉地

---

① 王旭.美国西海岸大城市研究［M］.长春：东北师范大学出版社，1994：84.

震灾后的痕迹,连震毁的市政厅也赶在1915年于原地重建完毕,在世博会观众面前展现的是一座更加现代化、朝气蓬勃的城市,从而充分彰显美国不屈不挠、逆境重生的抗争历史和强大的工业恢复能力,为1915年的世博会平添了一道更受世人崇敬的精神寓意。

此外,1915年的旧金山世博会还有一层仪式含义,就是借庆祝巴拿马运河通航为由,象征美国具有强大的建设能力及其对美洲地区的控制权。开凿连接太平洋与大西洋的巴拿马运河是18世纪工业革命以来规模最大的建设工程,历经几十年于1914年8月15日完工后首航。该运河横穿巴拿马地峡,拥有了它就相当于占据了美洲对外贸易的主导权,使美国东海岸与西海岸之间的航线缩短了8 000余海里,具有重大的军事、经济运输价值。为了控制巴拿马运河,"美国当局动用种种手段,对巴拿马软硬兼施,1903年同巴拿马签订了不平等《美巴条约》,并派兵占领巴拿马运河区,1904年就彻底将运河的建筑权和永久控制权搞到手了。"[1]甚至直到20世纪的最后1年,美国才肯把巴拿马运河带有附加条件地归还给巴拿马共和国,充分反映出了美国推行地区霸权主义和强权政治的意图。而世博会以之为由召开庆典的寓意在于,它成为美国跻身世界强国的"加冕礼"和一种地区霸权的标志性宣言。

(二)服务于国家形象建构目标的世博会:发挥现代仪式的庆典与象征功能

一般来说,国际上举办世博会的具体噱头也往往是为了庆祝重大的历史事件或某个国家、地区的重要纪念活动(见表1-1),并在活动方式上具有周期性举办、国家日庆典、开闭幕典礼等一系列仪式化的程序与规则。以这个标准来衡量,世博会可被视为一种具有纪念仪式性的庆典活动。而美国一直以来都十分重视并赋予世博会这样一种仪式属性,从表1-1来看,欧美历届世博会都习惯以纪念或庆祝的主题冠名。

---

① 王勇则.图说1915巴拿马赛会光耀世博会的中国篇章[M].上海:上海远东出版社,2010.

表 1-1　以纪念日、庆典或标志性的象征意义为主题召开的近代世博会

时间(年)	国别	名称	特点、主题
1867	法国	巴黎世博会	纪念滑铁卢战役后欧洲 40 年持续和平
1873	奥地利	维也纳世博会	纪念奥皇约瑟夫一世登基 25 周年
1876	美国	费城美国独立百年博览会	纪念美国独立 100 周年
1889	法国	第四届巴黎世界博览会	纪念法国革命 100 周年
1893	美国	芝加哥哥伦布纪念博览会	纪念哥伦布发现新大陆 100 周年;亚洲国家韩国首次参展
1900	法国	第五届巴黎世界博览会	庆祝进入新世纪;"世纪回眸"——展示十九世纪的科技成就
1904	美国	圣路易斯百年纪念博览会	庆祝圣路易斯建市百年;同期举行第三届奥运会
1915	美国	旧金山巴拿马太平洋博览会	庆祝巴拿马运河通航
1926	美国	费城建国 150 周年世界博览会	庆祝建国 150 周年,建 10 万人体育场
1933	美国	芝加哥万国博览会	庆祝芝加哥设市 100 周年
1930	比利时	列日世界博览会	庆祝比利时建国百年
1939—1940	美国	纽约旧金山世界博览会	纽约纪念华盛顿当选美国首任总统 150 周年;旧金山庆祝金门大桥建成

其中,美国 20 世纪初在圣路易斯和旧金山举办的世博会分别冠以"庆祝圣路易斯建市百年"和"庆祝巴拿马运河通航"的名义,充分体现了世博会的仪式庆典属性,也反映出美国在举办此类重大活动时有意强调其仪式的象征意味:作为新兴的工业大国,它需要通过展示圣路易斯、旧金山等西部开发重镇的建设成就、庆祝开凿成功连接两大洋的巨大工程——巴拿马运河来证明自身的强大国力。两座城市借主办世博会之机,成为向世界尤其是欧洲列强展示美利坚民族开拓进取、勇于冒险精神的最佳窗口。

从这个意义上说,世博会选址的象征意义成为美欧间的国力竞技场,呈现了它具有工业时代的国家仪式属性,即意在发挥仪式的"竞争、征服、加冕"功能,为国家形象建构服务。我们知道,仪式几乎与人类诞生同时产生,是最古老、最普遍的文化现象。我们对仪式的认知和理解正如它古老的历史一样悠久而丰富。罗兰布勒提出了一个很有代表性的观点,就是仪式和社会秩序的关系问题:仪式被视为社会秩序的反映,也是构建社会秩序的力量,在创造、维系、适应和改变社会秩序中发挥作用。丹尼尔·戴扬和伊莱尔·卡茨在界定现代媒介仪式时,认为奥运会等"国家级的事件","使极其庞大的观众群体为之激动——一国、数国乃至全世界。它们扣人心弦、令人神往"[①];这些事件具有"竞赛""征服"和"加冕"的性质[②]。在文化功能主义的人类学视角下,原始社会伊始,仪式就作为一种借助文化形态的、非暴力的社会关系整合工具而存在着:传统仪式往往是"神话"[③]的展演,即通过形式上的祭祀、祈福、受洗或剧场表演等文化展演方式,力图达成人与神之间的沟通与对话,确认神对人类期许的一种回应和应允,最终目标是为了满足人们对现实需求的精神安慰,达成人与人之间的关系认同;现代的仪式则继承了传统的象征符号体系[④],同样有着程序化、规范化的一套行动规则,但精神追求上进一步"去宗教化"了[⑤],更着眼于强调对现实社会关系变革或既定状态的一种认同,如婚礼、就职仪式、各类纪念日庆典等,都通过一种"加冕"的方式完成对关系建构、权力授予、意义确认的见证;而且在现代社会的日常情境中,仪式往往借助传媒为载体逐渐嵌入到大众日常

---

① 丹尼尔·戴扬,伊莱尔·卡茨.媒介事件[M].麻争旗,译.北京:北京广播学院出版社,2000:9.

② 丹尼尔·戴扬,伊莱尔·卡茨.媒介事件[M].麻争旗,译.北京:北京广播学院出版社,2000:1.

③ 博厄斯认为神话是记录文化、文化特性的信息宝库;马林诺夫斯基认为神话是"对社会行为的规范",能对人们的行为和风俗提出合理化的解释;列维斯特劳斯认为,神话能够解释普遍的"深层结构",这一结构为人类文化和社会组织所共享。参见梅里尔·温·戴维斯.人类学[M].孙静,译. 北京:当代中国出版社,2014:122 - 123.

④ 从文化人类学的视角来理解,象征性首先强调的是行为者 actor(即使用象征符号的人),其次是信息(message),再次是密码 code(亦称符码)。而仪式上使用的符码,即一套规则性的体系,意指信息从一地到另一地的转换过程中所遵循的一系列规范,包括信息的组织、传递和表达方式,以及符码的形式与内容相互依赖、相互影响的方式。参见梅里尔·温·戴维斯.人类学[M].孙静,译. 北京:当代中国出版社,2014:127.

⑤ 格尔茨在 1966 年发表《作为文化体系的宗教》一文中将宗教定义为"一个象征符号体系,它所做的是在人们中间建立强有力的普遍的和持续长久的情绪及动机,依靠形成有关存在的普遍秩序的概念并给这些概念披上实在性的外衣,它使得这些情绪和动机看上去具有独特的真实性"。参见梅里尔·温·戴维斯.人类学[M].孙静,译. 北京:当代中国出版社,2014:129.

生活结构中,如电视直播的奥运会、世博会开幕典礼等媒介仪式就是大众传媒和受众对特定情境的文化共享活动,是对某种象征资源或符号系统的意义分享与价值确认过程。基于这种理解,笔者认为虽然古往今来的各种仪式行为类型不断发生生兴衰变迁,但其行为动机与文化内核始终是不变的:它满足了人们在寻求身份、情感、社会关系等心理认同并以此实现社会关系整合的需要,这也是其历久弥新的文化生命力所在。仪式正是通过"竞争、征服、加冕"的文化展演形式,发挥着建构人际或国际关系、认同权力与地位归属等现实功能,实质上是一种文化传播互动的过程。

　　由此推论,世博会具有与集体仪式活动相同的行动目标和文化机制、构成要件:从根本目的和功能上看,它着眼于全球范围的国家地位确认与关系整合,这是近代伊始世界上率先进入工业文明时代的最强大的现代国家努力构建的具有竞争、征服、加冕功能的一种文化交往平台,希望借助这种和平的、全方位的文化传播独特方式来引导、推广、建构以西方为中心的国际关系体系,我们在首届伦敦世博会维多利亚女王的开幕致辞中就能明确地听到这一主旨[1]。因此,本书认为从世博会的文化功能、组织方式和行为机制以及具体的周期性举办、固定仪式程序、节庆活动内容等基本特征上看,它都符合仪式行为的基本要件,由此我们将世博会视为一种现代意义上的仪式:从活动内容上看,它是一种大会展范畴内的、以展览为主、辅以表演活动的节庆仪式;从文化功能上说,它是全新的工业文明时代通过仪式传播的方式进行国家关系建构,功能在于推进全球范围的关系整合、构建"地球村";而从文化传播的载体和方式上看,借助同步发展起来的大众传媒工具,世博会超越了传统仪式的局限性,将文化沟通、关系建构、价值传播的范围拓展至全球、提升至国际层面,从而获得了空前广泛的社会关注度、认知度。而上述赋予其仪式功能属性的活动组织方式及文化行为目标均围绕着更有力地建构主办国的国家形象来设计,进而也为宣传整个西方工业文明的中心地位服务。

---

[1]　首届世博会开幕式上维多利亚女王致辞:"在上帝的祝福下,我诚挚地与诸位一起祝祷,此次盛会能增进吾国人民之福祉与全体人群之利益;能激发和平与工业的巧艺;能凝聚世界各国间的关系,更能将仁慈上帝所赋予人的禀赋用于友爱与高尚的竞争,以促进全体人类的美善与幸福。"

第二章 重点沟通对象:世博外交——以欧洲与亚太为重心的国际交往

现实主义者代表人物汉斯·摩根索在著作《国家间政治——寻求权力与和平的斗争》中提出的"权力政治论"认为:"国际政治像一切政治一样,是追逐权力的斗争。无论国际政治的终极目标是什么,权力总是它的直接目标。"①奥根斯基(A.Organski)则具体分析了在无政府的国际社会里追求以权力界定的国家利益所带来的权力转移问题,提出了权力转移理论(Power Transition Theory),认为是国家间权力分配决定着国际体系的稳定与否,而保持体系稳定的关键在于能否实现权力与满意程度之间的平衡②。从这个意义上看,美国20世纪初加速海外扩张的战略转型从根本上是受渴望更多国际利益与权力诉求的驱动,因而演变为打破旧有国际秩序体系的挑战者,这一过程必然会同既有霸权国——英国乃至欧洲列强发生利益冲突,成为影响美国崛起进程的主要矛盾;面对冲突和挑战,美国重点要思考如何处理好与老欧洲的权力分享方式,尤其是同当时的霸权国——英国的关系。由于自身强大的工业实力和军事潜力已被欧洲传统列强视为一种威胁,如何通过加强沟通缓解敌意、寻求共识,成为决定新老强权之间交往成败的关键,其难点在于如何付出更小的代价以促成改变,即在维系美欧间紧密经济关系相对稳定的同时,争取欧洲让渡更大的国际政治经济权益。

---

① HANS MORGENTHAU. Politics among nations[M]. New York:McGraw-Hill,1978:29.

② A. F. K. ORGANSKI. World politics[M]. New York:Alfred Aknopf, 1958:100-103+295.

一、面向欧洲:寻找对话共识,发展战略联盟

乔治·莫德尔斯基(George Modelski)认为,全球政治体系是围绕着世界强国行使世界领导权而建立的①。美国在 20 世纪初是国际政治体系的"边缘国",导致了其走出海外、瓜分全球、争夺国际利益时往往受制于国际地位不高的短板。突出表现在如美国宣称拥有美洲地区霸权的"门罗主义"问题上难以获得列强认可②,需要更积极主动地去创造机会、搭建平台来强化这些利益主张、寻求政治权力的国际认可。因此,世博会除了在美国展示国力与炫耀成就方面所发挥的仪式加冕功能以外,具体分析 20 世纪之初美国举办两届世博会庆典的原因,就被赋予了这样一层争夺话语权、宣传立场主张、谋求提升国际地位的政治隐喻。

(一) 圣路易斯世博会组展过程遭遇的抵制:路易斯安那购地后的美欧矛盾

美国 20 世纪初举办的首届世博会选址于密西西比河流域的圣路易斯,该城市在成为美国开发西部桥头堡之前还是法国属地,整片地区都是美国向西扩张过程中从法国手中购买得来的,具有见证美国发展史的象征意义;同时,在召开的时间和主题上旨在设为纪念购地百年之意。但值得注意的是:1803 年是真实的购地时间,即法美两国 4 月 30 日签订购地条约之时,距离 1904 年该届世博会开幕有 101 年,比世博会主题设定为纪念购买路易斯安那百年庆典晚了 1 年时间。这并非美国政府有意延后,而是世博组展过程中遭遇了欧洲大国的抵制才不得不推迟的,背后折射出美欧双方围绕世博会组织问题的激烈博弈。出于国家颜面的原因,美国政府事后也并未对外宣扬导致延期的国际矛盾,也鲜有史料记载,但从展期和参会波折的细节上实则反映出了重大国际会展活动

---

① GEORGE MODELSKI. The long cycle of global politics and the nation-state[J].Comparative studies in society and history,No. 20,1978:214 - 238.

② 在 1899 年、1900 年德国并不理会对美国声明的"门罗主义",认为"门罗主义已被埋葬……凡为建设我海军应做之事,均应进行,即使为此开罪美国佬也在所不惜"。以英国为代表的老欧洲势力也对美国的门罗主义、"天定命运"(Manifest Destiny)理论,以及其日后在北美洲和中南美洲的扩张活动愈发不满,英国外交大臣坎宁认为"在美国连自身的地理疆域都尚未确定之时,它怎么能对英国(将来在美洲)的殖民活动说不?"

中与会国间的利益冲突及其最终的沟通与妥协方式。

总的来说,背后的矛盾源于美国在走上加速海外扩张道路之初,实则扮演了对欧洲传统势力所划分世界格局的挑战者角色,它带来的冲击力必然遭遇国际传统列强势力的抵制,最突出地表现在美西战争带来的欧洲敌意和抵制问题上。1904 年选址在路易斯安那购地案的中心地带——圣路易斯召开世博会,并以庆祝购地百年作为世博会庆典理由,均明显地传达了美国强调这片领土合法性的战略意图,将世博会作为确认其拥有圣路易斯乃至整个西部绝对主权的"加冕礼"。

但从组织参会的细节上看,欧洲大国西班牙、俄罗斯并未响应美国办博的邀请,60 个参会国中除了法国作为购地主角参加外,欧洲赴美参博的国家远少于伦敦、巴黎等地举办的世博会,且以美洲国家和亚洲的中日两国为主。重要原因之一就是,美国在筹备圣路易斯购地庆典时遭遇了以西班牙为首的欧洲诸国抵制。因为,老牌殖民帝国——西班牙曾是美国在美洲大陆扩张的主要竞争对手,路易斯安那购地就引起了两国间的边界争执,双方认定的属地范围有所重叠①,从而埋下了 19 世纪末"美西战争"的种子。最终,美国 1898 年与西班牙发生了争夺美洲及太平洋控制权的战争,美军以不到 400 人的史上最小代价获胜,大大增强了运用战争手段为对外扩张和争霸服务的信心,军事挑战也同国际会展的和平博弈方式一道为美国崛起铺路。

但这种激烈的对抗手段并未继续下去,因为此时美国国内的孤立主义传统力量依旧强大:"1899 年 2 月,参议院以 57 票赞成、27 票反对勉强通过了这个美西(巴黎协定)条约,比要求的 2/3 多数仅仅多了一票。"②意味着美国争霸可以调动的国内军事力量和行政支持依然有限,还要倚重传统的国际会展活动等经贸扩张方式。主要是考虑战争手段所耗费的国际形象、道义等政治资源巨大,与美国民众的理想主义观念冲突严重;而且,美西战争获胜后,虽然欧洲诸

---

① 西班牙认定路易斯安那包括现今路易斯安那、阿肯色及密苏里各州西部地区;而美国则宣称对格兰德河、洛矶山脉所有土地拥有主权。这意味前者要放弃整个得克萨斯和半个新墨西哥的大片殖民地;两国还对西佛罗里达 West Florida 位于密西西比河与派迪多河(Perdido River 之间)主权有争议。西班牙认定整个路易斯安那购地交易根本没有法律效力,因为《圣伊尔德丰索密约》不允许法国将路易斯安那转让给第三国,拿破仑并未遵守密约协议擅自卖地。

② 扎卡利亚.从财富到权力[M].北京:新华出版社,2001:240.

国相继承认美国的大国地位,但也普遍产生了一种疑惧情绪,担心这一新兴的挑战者危及既有的国际权力分配格局。就连已经转向美国、成为准同盟的英国首相威廉·格莱斯顿(William E.Gladstone)都忧心忡忡地说:对于英国人来说,最大的问题"不是美国未来将会成为什么样的生产者,而是成为什么样的人? 这个将要成为世界历史舞台上最大而且最强的大人物将会如何使用其力量? 它会具有与其物质力量相匹配的道德生活吗?"[①]基于这些国内外质疑声音强烈、阻碍重重的困境,美国 20 世纪初希望通过召开圣路易斯世博会,向国际社会表明其继续注重国内建设、以和平方式推动全球经济、科技、文化利益共享的国家姿态。

当然,和平的国际会展方式本身也隐含着借机向世界宣示拥有该地域主权的政治意图,对与美国发生根本利益冲突的西班牙、俄罗斯[②]等欧洲竞争对手来说,这种国际沟通效果自然有限,难以转变它们对参会的消极态度,最终导致世博会庆典推迟 1 年才得以召开。

不过,从另一角度来看,受到部分欧洲国家抵制的圣路易斯世博会仍旧邀请到了 60 余国的参与,也成为美西战争后的一次成功外交突围,一定程度上对冲了美西战争带来的外界不利影响;而且,美国政府、商界、民间的各种资源力量因国家举办这种重大活动而被积极调动、整合起来,为其大规模的海外扩张提供了有力的国家动员手段和话语载体,美国进入崛起快车道的时机已然成熟。

(二)政治交往意图:美国昭示领土主权的系列博览会

圣路易斯世博会在主题设定上如此明显的政治主权宣言意味,必然会导致原本存在领土争议的欧洲国家抵制;但从美国如此自信的权力表达方式来看,也体现出它对抗欧洲传统政治强权、发出美国声音的决心,传递了美国政府希望借国际舞台逐渐改变被动、弱势政治地位的战略转型姿态,这种应对欧洲挑战的方式也与当时的国际格局变化有关。

---

① WILLIAM T. STEAD. The America charactiar of the world or the trend of the twentieth century [M]. New York and London:Horace Markley,1902:440.

② 美国在亚太尤其是中国地区与俄罗斯产生了利益冲突,抵制俄国吞并整个中国东北地区的企图,因此 20 世纪初支持日本与俄国在中国东北地区展开争夺,最终导致日俄战争爆发。

　　随着美国自身力量的增长与国际竞争日趋白热化的格局形成,传统孤立主义的中立战略日益体现出局限性,它日益不得不直面与既有强权国——欧洲诸强在根本利益上的长期冲突;此外,伴随美国经济体量尤其是相应的国际影响力的快速膨胀,在大国对抗的间隙腾挪的空间也越来越狭窄,尤其在整个欧洲都对其力量陷入恐惧之时,走传统中立路线、置身事外的策略越来越难以施行;特别是处理与霸权国——英国、强权国——俄、德、日等关系问题上,须通过建立一种长期、稳定、可靠的战略协作伙伴关系来应对竞争白热化、关系错综多变的国际环境,减少国家交往与战略合作方向上的失误。于是,反思和重构美国的国家发展战略问题首先从国内启动了;当时的美国政界与知识界精英从这一时期起开始集中探讨美国崛起后所扮演的新角色和新身份问题,即"美国在世界上扮演着怎样的角色? 美国应该如何与世界其他部分打交道?"[①]这种变革不但要解决好与欧洲列强间的外部矛盾,还要首先摆脱华盛顿等开国元勋所立下的外交"遗训"等孤立主义枷锁;即改变避免把美国的"和平与繁荣陷入欧洲的野心、竞争、利益、好恶和反复无常的罗网里去"[②]"与所有国家和平相处、开展贸易和保持真诚的友谊,但不与任何国家结成纠缠不清的联盟(entangling alliance)"等思想束缚。解答清楚这两个问题不仅关系到美国今后崛起的战略路径及运用实力的方式,也决定了未来基于美国强大国力所建立的霸权模式。因而,美国 20 世纪崛起面临的主要矛盾是改变它的传统弱国思维和被动式的国家战略定位问题,需要合理运用世界第一的经济实力、让世界重视美国的声音、关切美国的利益诉求,从而积极主动地构建有利的国际发展环境。

　　正是基于上述考虑,美国精英越来越希望蹚出一条独立外交的新路,利用各种机会发出声音、走到国际舞台的中央,获取更持久而稳定的霸权利益。所以,如何利用好国际会展沟通平台的功能,成为美国走出美洲、走向世界之初所倚重的工具,具体方式就是要充分发挥它具有竞争优势的经济、科技实力来争夺各个领域的国际话语权,克服愈发普遍而浓重的欧洲诸国敌视情绪,突破国际抵制,而举办路易斯世博会恰恰呼应了美国此时做出的战略转型对策。

---

① 　罗伯特·卡根.天堂与权力:世界新秩序中的美国与欧洲[M].刘坤,译.北京:社会科学文献出版社,2013:2.

② 　HENRY S. COMMAGER. Documents of American history[M]. New York:Appleton-Century-Crofts, Inc., 1958, Vol. 1:174.

实际上,20 世纪初美国针对欧洲列强在路易斯安那州等地领土主权问题的质疑,已经组织了一系列具有国际色彩的博览会,力图利用国际场合宣称自己的权益和领土主张,这些国际重大会展活动也是当时为数不多的宣传手段和寻求国际认可的良机。具体包括:1876 年费城世博会主题是庆祝美国独立宣言发布一百周年,强调摆脱殖民统治实现国家独立的合法性;1893 年芝加哥世博会旨在纪念哥伦布发现新大陆 400 周年,肯定美洲开拓的合法性;1901 年泛美博览会则是纪念美西战争胜利,庆祝前西属殖民地菲律宾、波多黎各和关岛等归属美国,修复与南美国家的关系;1904 年美国圣路易斯世博会是以纪念从法国手中购入路易斯安那 100 周年为由;1915 年美国旧金山巴拿马世博会则为了庆祝连接太平洋与大西洋的运河开通,象征着美国对美洲乃至世界航路的控制。

从上述国际会展活动可见,这些博览会皆具有强烈的政治隐喻,围绕美国、美洲大陆乃至太平洋诸岛上的重要事件而举办,办展的政治目标都是服务于美国宣示主权及势力控制范围内的国际权力主题。如此一来,欧洲各国前来参会的行动本身就被赋予了一种政治上承认和认可其势力范围的象征意味,从传播策略上看,主办世博会不失为宣传美国利益主张的良机,也体现了它在国际重大会展事件上的顶层设计智慧和组织谋略。

(三) 巴拿马世博会的对外政治宣言:控制美洲地区的区域性霸权隐喻

主办世博会是彰显一国全球影响力和国家实力的重要举措,也是向世界传播国家形象和利益诉求的难得机遇。会场上各国拿出精品相互比较、切磋技艺的过程就是一种以和平方式进行的博弈,反映出国际重大会展活动的权力博弈平台属性。这种博弈一方面依托各类展品汇聚而成的符号象征系统来隐蔽地进行,另一方面也直接以设置表达主办国政治企图的会展主题对外传播国家主张。

1915 年旧金山举办的世博会向世界宣示的是美国对巴拿马运河控制权,它以庆祝开通巴拿马运河为主题,表达了美国希望在政治、军事权力争霸上也能为其美洲的经济扩张提供保障之意,隐藏在世博会经贸、科技、文化交往外衣之下的是美国争夺国际话语权、地区霸权的政治意图。美国开凿连通两大洋的巴拿马运河不仅具有经济战略意义,也具有增强地缘控制力的战略价值,有助于从 19 世纪 90 年代开始的军力建设与殖民扩张。因为巴拿马运河地处中美洲要地,控制了运河就控制了往来大西洋和太平洋的一条咽喉水道,"没有一条巴拿马式的运河,海军的扩建就难以完成,反过来,获取运河本身又需要美国军队出现在中美洲。同样,一支扩张的海军还需要在海外建立加煤站和基地。"国务卿理查德·奥尔尼 1895 年毫不掩饰控制美洲大陆的国家目标:"今天,美国在本大陆实际上拥有最高权力,对其干预范围之内的臣民来说,它的命令就是法律。"①该讲话被称为"20 英寸口径大炮"鲜明地体现了世纪之交的美国帝国主义情绪,表达了门罗主义的核心诉求;当时的美国精英界观念中也并不讳言建立美洲霸权的战略共识:"即美国不能在与其他列强的'比赛中落后'的观念。在欧洲国家瓜分全球时无所事事就等于落后,而落后就是迟钝、消沉、颓废,甚至是整个民族的死亡。"于是,调动包括世博会在内的一切外交手段向世界宣告开通运河的巨大成就本身就是一种地区霸权的示威和自我加冕。1915 年旧金山的巴拿马世博会开通之时,正值欧洲陷入一战,前来参会的传统列强国家相对较少,使本届世博会以美洲国家参会为主,加上来自亚洲的中日等国,真正成为一场美国占据绝对中心地位、众星捧月式的区域性国际盛会,具有一种宣扬"门罗主义"的浓厚氛围。

由此可见,借助世博会等国际会展平台、依托展品符号进行的经济、科技、文化竞争,成为除军事威胁、政治权力博弈以外展开国际争霸与实力较量的另一种通用语言。由于会展平台上的国力展示、贸易往来和科技竞技是列强间理性选择和利益交换的产物,一般不会引起强烈的敌意或抵制,这种话语符号为美国这个新兴的工业第一强国施展国际影响力、提升国际地位提供了最具优势的竞争资源,使其争霸方式更具有隐蔽性与"合法性"。

---

① US Department of State. Foreign Relations of the United States (Frus),1895,part II,pp. 1552—1562.

二、面向美洲、亚太：借助世博外交拓展战略空间

（一）建立新的利益关系：欧洲传统力量薄弱区域的外交拉拢

从 20 世纪初的国际格局来看，欧洲 19 世纪末掀起了瓜分海外殖民地的狂潮，美国在这项利益争夺上落后于欧洲。"从 19 世纪 70 年代开始，大国获取海外殖民地在欧洲已被视为理所当然，这既是为了显示其大国实力，而且还因为殖民地、基地和势力范围等被当成是增加其国家资源和提升其世界战略地位的主要资产。"美国 19 世纪下半叶扩张主要集中在北美地区，尚无足够的动力和精力涉足海外，"对美国领导人而言，除了作为市场外，遥远的非洲、中东以及亚洲几乎没有什么吸引力，更谈不上建立特殊利益领地的燃眉之急，因为目前的美国贸易总量的 4/5 都是与欧洲国家完成的。"但从 19 世纪末美国在北美大陆的市场扩张趋于完成之际，频发的经济危机推动美国将经贸扩张目光投向本土以外，主要聚焦于中美洲的巴拿马运河控制权和亚太地区：1899 年美国政府首次提出"门户开放"政策，显示出对参与世界权力边缘地区贸易的关注，一方面继续从欧洲尤其是英国吸引投资加速自身的工业化，另一方面国内金融巨头们开始将目光转向墨西哥、中国等地，谋求资本输出。例如受国内建成了 18.2 万英里的世界最长铁路鼓舞，他们认为在拉丁美洲、亚洲、中东等地修筑铁路，就可以"开发这些地区并将之变成美国产品的巨大市场。作为国内政治和社会体系健康的基本保障，建立美国经济与全球的联系已经成为政治和商业领袖的一项主要任务"。

在这种情况下，侧重服务于经贸、文化、科技往来的世博会自然成为美国面向落后地区进行经济殖民扩张的一个交往平台和宣传窗口。包括一战期间举办的巴拿马世博会都成为践行威廉·霍华德·塔夫脱总统提出的"金元外交"一个战略工具，他和继任的伍德罗·威尔逊总统都抱有"经济相互依存与和平解决争端的思想"，即希望"利用美国的经济资源促进经济上的相互依赖，相信由此便可以带来政治上的稳定并最终出现国际秩序。通过'金元替代子弹'，美国就能结束充满军备扩充、殖民竞赛和军事结盟的混乱世界，各个国家都会倾

其资源进行经济发展。作为快速崛起的大国，美国可以作为带路人"。由此，美国主办两届世博会上展示的重点就是它在"西进运动"中铁路建设的成就，并将美洲国家和中国邀请为座上贵宾，其积极沟通态度都体现了作为西方新兴工业强国对落后地区的一种经济炫耀以及拉拢关系的战略意图。

举办世博会也是为了配合美国在亚太地区加快争夺势力范围和拓展资本输出市场的一系列扩张行动：1898 年美国与西班牙爆发了争夺太平洋地区殖民地，尤其是菲律宾的战争，以完胜的结果开启了加速海外扩张的新时代。这一军事行动的目标还是在于建立面向广大亚太腹地的商业扩张据点。美西战争前，参议员艾伯特·贝弗里奇等就积极鼓吹吞并菲律宾："在菲律宾的另一边，便是中国无边的市场。"亨利·洛奇也说："（如果美国不获得菲律宾）那对我们的贸易、商业和我们的企业将是一个不可估计的巨大损失。"①当时伦敦的《泰晤士报》调查认为："在美国，甚至谴责美国政府海外殖民行动的反帝国主义分子都欢迎'商业征服'政策。"②于是，美国通过战争或颠覆政权等手段接连获得太平洋诸岛，如菲律宾、关岛、萨摩亚群岛等，显示其扩张脚步开始从加勒比海和美洲延展至太平洋区域。占据菲律宾之后，大洋西岸的广大亚太腹地尤其是中国，逐渐成为美国隔海相望的重要商业征服对象。中美间的贸易额 1897 年以后迅速上升，"尽管对华贸易仅占美国商贸总额的 1％，但是美国对华出口从 1896 年的 700 万美元上升到 1897 年的 1 200 万美元，再升至 1899 年的 1 400万美元，这种趋势预示着未来的巨大利润。"③除了受商业利益的目标驱动以外，如能征服中国意味着将决定哪个殖民占有者获得影响国际社会的重要力量资源与巨大潜力，19 世纪末美国国务卿海约翰就把中国视为"在以后的 5 个世纪里通向世界政治的钥匙……中国的吸引力在于其巨大的人口……19 世纪90 年代，这些冲动极大地增加了"④。随着 1898 年前后列强开始掀起瓜分世界殖民地的狂潮，它们在中国的竞争也日趋白热化，刺激同样具有野心的美国无法再容忍被排挤到对华利益圈之外，通过提出表达美国利益主张、加强与列强

① 杨生茂.美国外交政策史 1775—1989[M].北京：人民出版社，1991：212.

② WILLIAM A. WILLIAMS. The tragedy of American diplomacy, second edition[M]. New York：W. W.Norton&.Company，1972：35.

③ ［美］孔华润.剑桥美国对外关系史（上）[M].王琛，等译.北京：新华出版社，2004：456.

④ ［美］扎卡利亚.从财富到权力[M].门洪华，孙英春，译.北京：新华出版社，2001：241.

间协调的"门户开放"政策，以及为宣传政策服务、直接加深与美洲和中国关系的国际会展平台等手段，提升其国家交往的主动性，逐渐走出局限于北美地区扩张的孤立主义传统。

（二）经贸往来意向：门户开放政策下推动中美世博外交

基于在华战略利益的考虑，1899 年和 1900 年西奥多·罗斯福总统领导的美国政府两次分别以保护在华商业利益和政治利益为由，发表了以"门户开放"政策为内容的外交照会。要求诸列强在华扩张保持克制、利益均沾的"门户开放"政策反映了"美国工商利益集团要继续进入中国市场和美国希望自己成为一支世界力量的愿望，并据此美国要保卫它的全球利益"。该时期美国拉拢对华关系的主要对手是意图变中国东北为殖民地的沙皇俄国，也是它"门户开放"宣言的主要针对方，美暗中扶植日本与之对抗，西奥多·罗斯福总统还主动提出愿意出面调停因此爆发的日俄战争（1904—1905），并因此次调停获得诺贝尔和平奖。事实上，已经成为亚洲强国的日本并未因此感恩美国，并拒绝保护美方在华市场，美国政府"没有获得日本遵守门户开放原则的保证，也没有在亚洲建立一个能够保护美国利益的均势格局。（一系列政策失误）……无不损害了他（西奥多·罗斯福）在 1898—1905 年间以在亚洲获取商业和战略机会为目标的美国外交政策"①。继任的塔夫脱总统对中国的兴趣更集中在商业利益上，提倡"金元外交"：例如 1909 年 5 月在国务院协助下组建以摩根公司、第一国民银行和花旗银行为代表的美国财团②，通过施压清政府同意向美方筹措湖广铁路借款，以期打开中国市场，扩大资本输出。美国工商业利益集团对此举措十分欢迎，美丰银行华盛顿分行总经理泰特就曾评论："今天在我国没有比政府鼓励他的资本家到能够发展商业的国度去投资更为必要的了。"③威尔逊总统上台后一方面鼓励对华的工商业扩张："现政府将鼓励并支持为给予美国商人、制造商、承包人及工程师以银行的及其他金融方面的便利所必需的合法措施……这是现政府的责任，这是它的公民在开发中国方面的主要的物质利益。"④另一

---

① ［美］孔华润.剑桥美国对外关系史（上）[M]. 王琛，等译.北京：新华出版社，2004：490 - 494.
② 远东司司长司戴德为此辞去国务院的职务，担任财团驻华代表。
③ 吴心伯.金元外交与列强在中国[M].上海：复旦大学出版社，1997：35.
④ 吴心伯.金元外交与列强在中国[M].上海：复旦大学出版社，1997：134.

方面也提倡应关注在华政治利益的战略布局："成为总统以后他更急于在基督教以及世俗方面促进美国在中国的利益。"①他相信"如果美国不和其他列强合作,而是站在中国一边,揭露其他列强在中国的图谋,那么美国在华地位会更加牢固"②。因此,也推动美国率先在列强中承认中民国政府,并鼓励中国参加一战争取收回更多权益。

从上述 20 世纪初三届美国总统的思想、行动中,我们可以看出总统主导外交政策的美国政府在对华关系上都持重视和鼓励的态度,反映出精英阶层这一阶段渴望在欧洲力量控制相对薄弱、未来战略潜力巨大的区域加速扩张的政策延续性。围绕获取更大的商业利益,美国自然也不会轻视最直接的国家交往平台——世博。该时期美国主办的世博会都将中国奉为座上宾,给予高度的政治关注,期望借此契机通过文化、科技等多渠道的沟通来建立、巩固中美关系,为国家崛起开拓更大的增长空间与战略资源。例如美国圣路易斯博览会前两年即 1902 年派世博会总理巴礼德作为特派专员前往中国会见荣禄、张之洞、袁世凯等朝廷重臣,召开"公听会"发表邀请演说,并通过驻华公使康格(E. H. Conger)及其夫人觐见慈禧太后、光绪皇帝邀请赴会,最终在国家代表出面邀约以及期间的政要精英私人交往等共同努力下得到清廷最高统治者的应允,促成了中国首次官方组团赴美参博之行;而 1915 年巴拿马世博会的筹办委员会早在 1913 年年初就专程来华对举办世博会进行宣传,并郑重征求中方工商部部长陈琪等人对选址等组织策划的意见和建议,从而得到了中方举国上下的高度重视和积极备展。

(三) 中美围绕世博会的互动:精英对话开启的东西方大国沟通之门

19 世纪以来一贯重视博览会传统的美国政府认识到,以世博会为代表的国际展览活动是建立并增进同利益攸关方关系的良机,其和平竞技、开放公平的国家沟通平台属性适宜作为一种国家层面的文化交往载体,为其推行对华"门户开放"政策服务。例如,世博会所宣扬的推动国际和平交往、倡导文化理解与利益共享等主旨与门户开放政策中看似对华友好、尊重主权完整、强调"利

① ［美］孔华润.剑桥美国对外关系史(上)[M].王琛,等译.北京:新华出版社,2004:27.
② 吴心伯.金元外交与列强在中国[M].上海:复旦大学出版社,1997:35.

益均沾"等主张具有相近的立场。该政策是美国近代对华外交基石，即使在中国也赢得了很多政要的青睐，至少在公众面前帮助其塑造对华友好形象发挥了促进作用。虽然该政策背后隐藏着美国与欧洲传统列强，尤其是英国在对话、妥协的基础上谋求更大在华权益的动机，但它至少通过表面上呼吁列强维持对华殖民均势，客观上减缓了中国进一步滑向完全殖民地化的深渊。在英国授意和支持下的门户开放政策最终得到了世界的普遍承认①，体现了列强间在侵华问题上的多边对话与利益妥协关系，同时也为美国走上国际舞台、争取更大的国际话语、加快全球扩张积累了一定的道义资源，并获取了对华交往的长期战略优势。

　　具体表现在，美国政府在20世纪初世博会的对华邀约、组展和代表团接待等环节，在政府层面都采取了较为尊重主权和顾及领袖颜面的一系列行动上，虽然圣路易斯世博会、巴拿马世博会名义上为举办地一城发起，但美国政府也深度介入其中，充分调动了各种国家资源，通过精英沟通、政府互动、团体组织的民间交流等多层次、多渠道开展了全方位的国家交往。

　　首先，在圣路易斯世博会的组展邀请环节，受到两国交往之初共识较少、利益关系尚未构建的局限，美国政府处心积虑地发掘可资利用的各种对话资源、调动国家力量来协助开展中美沟通。一是筹备办展过程中联邦政府也深度介入，精心组织、大力支持。1904年圣路易斯世博会前3年②就成立了负责所有筹办业务的专业性展览公司，组织上主要由地方上层精英、商人、退职官员等构成，但它们调动的资源却不完全依赖民间自行筹措，而是得到了国家力量在台前幕后的鼎力支持，例如联邦政府出资经费500万美元，对外发放的世博会邀请函也均由总统亲自署名，并得到了各驻地领事馆的参与协助。二是针对重点对象，美国政府往往通过外交渠道的国家邀请、精英政要间的往来互动或人际

---

① 美国学者兰格认为，海约翰的"那些门户开放的建议，不过是英国已经奉行多年的政策的再版"。费正清认为美国宣布的商业门户开放政策系由英人所形成；美国保持中国领土完整的政策得自英人的传统。其产生过程也与英国的授意密切相关：英国人贺璧理自1867年即在中国海关任职，同当时美国国务卿海·约翰的好友柔克义私交很深，1899年4月，柔克义就任美国国务院的远东顾问，为海·约翰出谋划策。1899年6月贺璧理到中国同柔克义开始磋商门户开放政策的具体内容，8月21日他为柔克义草拟了关于美国对华门户开放政策的备忘录，28日柔克义提交给国务卿的备忘录与贺璧理的备忘录没有重大不同。

② 圣路易斯世博会提案从1899年2月开始递交国会讨论，由于延期、休会等因素直到1901年3月获得通过，之后组建了具体筹办事务的专业展览公司。

劝服等多层次、多种沟通方式来提高邀约成功率。如早在美国开始筹办圣路易斯世博会的 1902 年夏,就派圣路易斯博览会总理巴礼德作为特派专员前往中国,邀请中国赴会;特使巴礼德先后会晤了荣禄、张之洞、袁世凯、盛宣怀、刘坤一等朝廷重臣,并召开"公听会"发表邀请演说,强化游说效果;1902 年 7 月 26 日美国驻华公使康格(E.H.Conger)及其夫人入京觐见慈禧太后和光绪皇帝;驻华公使及夫人已同皇族成员、各王府的福晋、格格们建立了良好的私人关系,其间也时常邀请皇族做客公使馆并极力动员清政府派要员参博。最终,在国家代表出面邀约以及政要精英私人交往等共同努力下,慈禧应允派亲王参加世博会,以示"重交谊、敦和好",外务部配合提出了组团赴美参博的具体建议,希望出访使团派正监督一员,选派副监督二员,"惟副监督二员内,应用税务司一员派充,此任尤以美国人为合宜",并要求税务总司英国人赫德从"各关税务司美国人中择一精细妥实之员"。从这些美中双方政要围绕世博会邀约答复和交往过程来看,可以视之为一种国家精英层面的互动行为,在当时保守落后的清政府尚未充分认知、理解世博会的现实价值时,美国政府精心设计的高层外交路线和强调人际劝服的沟通方式无疑是极为成功的。

对中国而言,这届世博会意义重大,它是清政府首次派团参加的第一次世博会,引发了举国关注,成为清末国内媒体报道量最高的一届,也由此开启了中国近代博览会事业快速发展的历史进程。受当时中国最高统治者慈禧太后和光绪皇帝的首肯,1902 年底清政府就任命了宣宗道光皇帝的曾孙、皇族贝子溥伦担任赴圣路易斯世博会正监督,候选道黄开甲、海关税务司美国人柯尔乐为副监督,由海关总税务司赫德等亲自协同办理一切赴美参博事宜;1904 年清政府首次派团赴美参加圣路易斯世博会期间受到了美方的隆重接待,组织方还按照接待欧洲贵族的礼遇特别提供了雕琢精美的四轮马车为溥伦乘用;相比之下日本参博特使团里也有伏见亲王等男爵身份的成员,但受关注度远未及身着传统服饰、发式的清朝特使们[①]。溥伦是当时在清廷较有影响力的皇室成员,属于倾向立宪的开明"少壮派"。美国国会图书馆亚洲部学术研究主任、著名华裔学者居蜜博士在整理国会图书馆亚洲部藏书时,发现有大批中国当年参加圣路易斯世博会的资料,他研究发现溥伦除了参加世博会活动外,还在华盛顿、纽

---

① 胡斌.世博与国家形象 [M].上海:上海教育出版社,2010.

约、芝加哥等地开展为期 4 个月的考察和会见，不仅出席世博会开幕仪式，还在圣路易斯居留长达两个月；溥伦当时住在金氏快路和华盛顿路口的乔治·华盛顿旅馆，世博会主办方多次邀请他参加各类庆典；他本人也主持多场大型宴会款待各国嘉宾，并赴华盛顿、纽约等地会见了美国政府官员与在美成功华人，甚至在一些演讲场合满腔激情地向海外华侨承诺：回国后将"披肝沥胆，向西太后进立宪改革之言——以启沃两宫，而为改革政体之助动力"，体现了政界精英借参博之机改革中国的意愿，也呼应了美国在"天命论"思想指引下希望带动中国政治制度改革、成为文明世界模范的世博会文化传播宗旨。

从上述中美互动过程与机制来看，近代中国当时的民众思想保守落后，在大众层面的直接文化交流受到诸多掣肘，交通、媒介的极不发达使国内公众难以大规模地走出国门接受西方文化，国际展览等活动的现场观展和直观感知功能无法实现；因此，近代阶段美国世博会对中国等落后地区的文化传播更多的是通过少数率先直接或间接接触它的社会精英阶层展开的：以士商阶层为主的少数精英在中国观摩、参与世博会的历史上扮演了重要角色，他们通过受邀观展、组织筹备参展、参与后的传记著述等中西交流过程及其文化传播方式，将世博会的理念、制度、内容向国内公众做参与式的解读。美国也正是通过这种由点到面的世博会国际传播平台，逐步地推进对华文化渗透、经贸扩张与资本输出的。

围绕圣路易斯世博会的成功沟通行动背后实际上中美双方都有各自的利益考量和共识基础：对美国而言，如前所述，邀请中国参加世博会是其亚洲扩张战略中拉拢中国、开拓亚太市场的重要举措；对中国而言，在经济交往方面清政府也有同样的利益需求，如有学者认为："清政府积极参与圣路易斯博览会或可视为 1895 年后中国重商主义兴起脉络中的一环，更可置于庚子事变后慈禧振兴工商之新政中讨论。"①除了重商因素外，清政府回应美方的积极邀约态度，并借机加强中美关系也是直接原因。此次中方首次派出庞大使团赴美参博被《纽约时报》等美国媒体评为"中国政府正式登上世博会舞台的开端"②；与以往

① 李达嘉. 商人与政治——以上海为中心的探讨（1895—1914）[D].台湾大学历史研究所,1994:53-91.
② 在此之前出使外洋的天潢贵胄一共只有两人,一次是义和团被镇压后醇亲王载沣作为谢罪专使赴德国,一次是贝子载振作为贺使赴英国参加英皇爱德华七世的加冕典礼.

对待欧洲、日本的世博会形成了鲜明对比：1895 年清政府受邀参加 1900 年巴黎博览会时，尚以轻视的态度"犹等闲视之"①；1903 年大阪举办日本国内第五回劝业博览会时，中国虽首次派特使团参与，但财力有限、态度勉强，展出面积"仅三十五坪，花费不多"②；究其原因，有学者指出清政府刚在世纪之初八国联军侵华中战败，对英美列强的邀约不得不谨慎应对，也是表达对美国在"庚子事变"后对华协助的感谢之意③；此外，皇族溥伦此行美国还肩负着两项秘密使命：一是代表清政府考察美国宪政模式，摸底欧美列强的政治制度；二是希望争取美国干涉其时正在中国东北进行的"日俄战争"、想让其主持公道。由此可见，1904 年圣路易斯世博会期间的中美世博外交确实可称为东西方大国建立在利益共识基础上的一次颇有实效的国际交往行动，开启了双方基于各自国家利益诉求的沟通大门，为日后美国迅速强化对华关系、增强对华事务的话语权奠定了良好基础。

其次，1915 年美国旧金山召开的巴拿马世博会上，双方利益共识进一步扩大，中美交往从偏重精英间的政治互动升级为政治、经贸关系的全面强化。1915 年的美国已经凭借世界第一工业大国的实力在亚太地区包括中国确立起足以正面对抗英、俄、日等传统列强的地位，而且由于它是最早承认中华民国的西方国家之一，中国北洋政府为了"亲睦国交"，对美举办的本届博览会也高度重视，精心准备征集各省展品，想借此大规模国际交流的机会，展示并塑造新的"中华民国"形象。而且，北洋政府在民国成立后的首次大规模出访参博期间，还派出了规模庞大的"赴美企业考察团"，直接加深双方的经贸往来。在此前美国实业团也曾访华，并且回应了民国工商业界的政府代表张謇等人希望在华人

---

① 《外交档》，见《各国赛会公会》，01—27—1—(2)，《法使照请派员赴巴黎万国赛奇会案提要》。
② 《赛会近事》，见《外交报汇编》，第二十一册，台北：广文书局，1964 年，第 100 - 101 页。另在钱单士厘的记载中，颇为抱怨中国参赛态度导致出物甚少。见《癸卯旅行记》，收入钟叔河主编：《走向世界丛书》，第十册，长沙：岳麓书社，1985 年，第 688 - 689 页。大阪博览会本为日本国内商品展，仅设一参考馆陈列来自他国之物品，约有十余国及地区参加。清廷出物之寡，或须考虑此点。关于该博览会，见芳井敬郎：《第五回内国劝业博④》，见吉田光邦编：《万国博览会④研究》，京都：思文阁，1996 年，第 287 - 306 页；HIROKO TAKADA. Images of a modern nation：Meiji Japan and the Ezpositions，1903—1904[M].PP.10 - 23.此文收于圣路易市"密苏里历史学会"之图书馆中，未附相关资料，仅知该文完成于 1992 年 4 月 1 日。
③ 赵佑志.跃上国际舞台：清季中国参加万国博览会之研究(1866—1911)[J].台湾师范大学历史学报，1997(6)：25.

聚居的太平洋沿岸城市——旧金山办博的建议,给出了肯定的答复。从双方组团互访和美国办展选址时尊重中方的意见来看,中美双方围绕世博会组展、筹备过程的互动与合作已大大进步于清政府时期,背后自然有美国政府希望进一步巩固对华关系的战略考量因素。

而且,美方也在一战欧洲缺席的情况下愈加重视东方大国——中国的地位,在展品评奖上给予了数量最多的奖项,中国所获金、银、铜等奖章共计 1 211 枚,其中大奖章 57 枚、荣誉奖 74 枚、金牌奖 258 枚、其他奖牌 822 枚,在 31 个参展国中名列首位;旧金山会场建立了 9 个馆的中国展区,全景式地展示了中国工业基础的现状与蓬勃的发展势头。例如交通馆内展示了火车头、列车厢、火车站、桥梁、货车、汽船,甚至还有来自上海生产的黄包车模型等;邮政系统则展出了邮递员制服、邮票和全国铁路线路图等。最终,中方最具代表性的酒类金奖有 5 项,茅台获世界名酒殊荣,从此一步步走上"国酒"的巅峰;张裕葡萄酒也荣获金质奖章和最优质奖状;此外,天津永利碱厂的"红三角"牌纯碱,上海吴蕴初研发的"天厨味精"也获得金奖;而传统展品方面,上海"葛德和"陶器、美华利插屏钟、北京鼻烟壶、安徽胡开文地球墨、浙江湖笔、温州乐清黄杨木雕、青田石雕、常州梳篦、湖南菊花石也夺得金银奖多项。丰硕的成果在美国华人最多的旧金山引起轰动,现场驻点的媒体也迅速地将喜讯和盛况传回中国,进而引发了国内更加高涨的"博览会热"。这些代表新兴中国实力的展品,同样引发了美国媒体的赞誉:如《旧金山纪事报》从"环球大厅"的新闻版面中留出专版来报道中国展品,除了来自"旧国度"的艺术品和瓷器之外,专栏作者还特别提道:"现代中国也来了,严格地说是一个现代的商业中国,……最引人注目的还是食品制造和农业馆。中国在此显示出他们已经在现代工业的道路上迈出了第一步,证据即完整的食品生产线——大堆肉罐头和海鲜罐头来自民国的第一个食品加工包装厂……矿产和交通展更加证明了现代工业对这个国家的影响,展品由中国资本家与中国工程师共同经营的矿业公司提供,所展示的铁路设施模型也是由国内的设计师和工作室完成的。看得出,工业在中国的重要意义。"①中美间的世博经贸交往也的确收到了预期实效:美国商界世博会后"来华'淘金'

---

① 《旧金山纪事报》,1915 年 5 月 2 日。转引自:苏珊.一个预置的紫禁城?——记 1915 年中华民国参加巴拿马太平洋世博会[M].肖笛,译.上海:同济大学出版社,2009.

成了时尚,太平洋西海岸的大城市企业银行等如密尔沃基的公司与银行、纽约的伊戈尔丝厂、维戈摩的世界贸易所纷纷派出代表,来华组织分行或分驻中国各埠头。"①中方对美的进出口量也有了较大提高:"1915 年,中国对美国出口即较头一年增加 6 000 万美元,其中丝绸出口额 14 000 万美元,茶叶 1 800 万美元,桐油 1 120 万美元,多有较大提高。"②由此可知,世博会在推动中美双方贸易往来、强化东西方大国的经贸关系建构方面,的确发挥出了打开沟通之门的作用,美国通过设置倾向性明显的会展奖励制度、鼓励与重点沟通对象的团体商贸交流等激励手段,引导资产阶级掌权后的新生中国一步步被纳入美国主导的大洋两岸贸易关系框架当中,借助会展平台利益共享的功能实现了开拓中国市场的预期目标。

① 王勇则.图说 1915 巴拿马赛会光耀世博会的中国篇章[M].上海:上海远东出版社,2010:311-312.
② 俞力.历史的回眸:中国参加世博会的故事[M].上海:东方出版中心,2009:62.

第三章 沟通载体及互动过程：
传播美国价值观与国力的具象化符号

从历史上国际交往发生地的热点分布区域来看，在权力或财富关系越是集中的地方，国际会展活动往往比较多，19世纪的欧洲几乎"无年不会""无国不展"，20世纪的美国也是如此。出现这一现象并非偶然，因为组织会展活动背后的驱动力，正是拥有大量财富资源的交往主体基于不断衍生、增长的利益诉求，需要在一个规模日益扩大的财富市场上或权力关系网中获取更多的资源，以支撑自身系统的运作与发展。日趋全球化的近代伊始，欧美等西方工业强国频繁举办国际会展活动，既为满足其全球利益不断增长的需求，也是建构国际经贸合作关系的动力；既是资本主义市场体系强大的表征，也是维系、巩固这一体系正常运转的必然结果。美国19世纪下半叶成为工业第一强国，拓展国际经贸往来及建构利益关系网络的需求无疑是巨大的。而借助国际会展活动来实现这些目标则是最为高效的方式，这源于会展沟通独特的关系建构模式及其信息传播功能。

会展是"一种以现场聚集为形式，以表达展示为手段，以主体化时空为核心的规模化营销沟通服务，主要包括会议、展览、节庆、赛事、演出等活动"①。与大众传播一样，会展沟通过程必须依赖语言或非语言形式的符号载体来进行，集中反映在会展现场设置的各类物质形态的展品、文化符号、讨论议题等内容载体上。从传播功能上讲，与会双方交往所使用的展品，是一种满足信息获知和利益诉求、吸引建立合作关系、展示国家实力的符号载体，处于会展场域的各类展品或展示符号，超越了展品单纯的技术传播或文化传播功能，更大意义上的现实功能是搭建、巩固不同文化主体间的双方关系乃至多方关系网络，乃至

① 张敏.中国会展研究30年文选[M].上海：上海交通大学出版社，2009：1.

具有提升国际地位和话语权的强大效用,因此可被视为福柯所谓的一种"话语"。福柯的"话语"概念强调关系的建构和权力的规制;世博会上这些用于沟通的国家"话语"工具通常是以文化展演或内容议题的符号形式存在,或是以展品的物质成果形式存在的,背后的权力隐喻就是为了国际关系建构与会展现场的综合国力较量服务。从话语理论与符号学内在联系的视角来分析,世博会不仅是一场展示科技"奇观"和文化精品的盛宴,一场知识话语形态的象征表意系统,更是各参展方之间代表国家身份的一场综合国力的博弈过程。这场较量围绕着将各类新奇展品作为具象符号的话语展开,在会展场域内的所有展品都承载了符号的话语功能,被视为一种符号能指,展品愈新奇、愈精致,越能更充分地表达展示者的意图、传播预设的内容主题或价值导向;展品背后的技术文化则是话语真正要指向的意义内涵、所要表达的权力隐喻,即符号表意的所指,它们都为"展示"理性社会的"秩序"服务。因而,总体上组织这场展会、进行国力竞赛的目标则是以"知识话语"为载体来竞逐权力,以和平博弈方式谋求国际话语权;而具体选择哪些"知识话语"更鲜明、有效地表述意图,为争夺权力和建构秩序服务,则体现出组展者的能力和智慧。在这方面,具备超强工业实力和科技创新能力的美国更具有运用知识话语的资源优势,能巧妙地将顶尖的展品利用"奇观式"的展示方式呈现在世界面前,以实现国家形象建构等传播目标。

美国主办世博会时充分运用了会展传播中的"话语"力量为其建构国家关系网络服务。出于改变弱势的话语权和相对欧洲居于国际权力边缘的身份,美国将第二次工业革命所创造的先进科技理论、创新成果转化成一种"知识话语",在经济、科技、文化领域争取竞争优势,通过世博园区向世界展示比欧洲更加强大的科技创新实力和工业生产能力,意在构筑引领世界发展的新领导者形象,将世界经济贸易乃至财富、权力中心从大洋彼岸转移至美国服务。由此,世博会上所展示的这些经济、科技、文化、制度等知识话语,在国家授意下被赋予了变革旧有权力关系、助推英美之间霸权转移的历史使命。具体表现在如下几个方面。

一、奇观展演:吸引公众关注与现场体验的盛大仪式

世博会具有类似仪式的"共时性、盛大性、神圣性、庆典性与融合性"等基本

特征,它能够获取高度的社会关注度尤其是吸引公众参观兴趣,很大程度上源于满足人类天生的好奇心和对奇观现象的敬畏感,并借此推动成员间的相互理解、情感共鸣乃至文化认同、社会整合,因此世博会也可被视为人类进入工业时代运用现代科技文化手段、取代蒙昧时代祭奠神灵、表达虔敬的一种纪念性庆典仪式。它的表述方式倾向于通过营造盛大、华丽的场景幻境来呈现主题、宣扬现代文明理念,同传统庆典仪式一样,在形式上讲究利用"奇观"展演以满足观众对新鲜事物的好奇欲,这种表述方式顺应了现代社会、大众传媒习惯于制造"奇观"话题来博取眼球、提高传播效果的趋势。对此,法国学者居伊·德波(Guy Debord)在《景观社会》一书中率先提出了影响广泛的"奇观社会"(the society of spectacle)概念,认为现代社会热衷塑造"奇观"是源于现代技术、媒体所提供的强大文化生产与"拟态环境"再现的能力;德波在著作开篇就断言:"在现代生产条件无所不在的社会,生活本身展现为景观的庞大堆聚。"①拉什也对现代媒介社会中文化产品形态的演进趋势给出了判断:"在一个形象的生产与消费所主导的社会,奇观的侵入将遍布每一个角落。"②我国学者周宪则详细分析了"奇观"的内涵:"在我看来就是非同一般的具有强烈视觉吸引力的影像和画面,或是借助各种高科技电影手段创造出来的奇幻影像和画面。"③

　　由此可见,世博会同现代媒介仪式具有相似的传播效用机制:传播活动主旨都为产生一种社会共鸣和价值认同,即"对人们之间或个人同群体之间的共同文化的确认"④。借助"奇观"的展演,人们在同一时空场域内聚集在利用现代技术和各种媒介载体所搭建的舞台前,在共时性的文化消费中经历了类似的情感体验。结果就是世博会成为一种运用现代文明话语来塑造科技、文化奇观的庆典仪式,为人们建构了一个工业文明时代的"认同空间",这种价值认同是"基于他人的社会承认之上的一种自我表象,而自我表象的内容要和其他行为体对该行为体的再表象取得一致"⑤。同时,它在一定程度上"与某种通过幻想

---

① 居伊·德波.景观社会[M].王昭风,译.南京:南京大学出版社,2006:6.

② CHRISTOPHER LASCH. The culture of narcissism: American life in an age of diminishing expectations[M].New York:Warner Books,1991:122.

③ 周宪.论奇观电影与视觉文化[J].文艺研究,2005(3):36.

④ 崔新建.文化认同及其根源[J].北京师范大学学报,2004(4):25.

⑤ 亚历山大·温特.国际政治的社会理论[M].秦亚青,译.上海:上海人民出版社,2005:285.

而建构的神话实体相关,与媒介形象或群体之中他人的一手经验相关"①。具
体表征为林林总总的科技创新成果都被转化成一种"知识话语",在世博会园区
所塑造的"奇观"场景中,科学主义、理性主义至上的权力取代了蒙昧时代的神
权和铁血时代的武力霸权,劝服全世界都应认同以西方工业文明为核心的、崇
尚人类理性至上的、终将实现和平共存的世界大同之目标,呼应了欧美创办世
博会时的初衷。

(一)进步时代美国人的宏大愿景:20 世纪前叶规模最大的一届世博会

圣路易斯于 1904 年举办了美国进入 20 世纪以来的首届世博会,从园区面
积、展馆数量、展出时间、观众人数上均创历史之最:世博园区占地约 500 公顷,
修建了 72 公里的场内公路、21 公里长的直通铁路、1 500 余座建筑设施,场馆
面积 5.15 平方公里,甚至接近百年后史上规模最大、场馆面积 5.28 平方公里的
上海世博会,因而开启了近代世博会走向大型化的先河。美国 20 世纪初首次
办博的规模和气魄之所以如此之大,与当时它正处于"进步时代"的历史背景以
及同欧洲竞争的国家抱负直接相关。

首先,经济、社会结构的变迁以及国家组织能力的提升,有利于美国运用世
博会等国际会展工具来实现从数量、规模竞争上超越欧洲、加速国力发展的战
略目标。美国从 1898 年美西战争到 1917 年放弃"中立"政策、参加一战之前,
正处于"进步主义"时代②。"进步时代"的主题就是改革与发展,19 世纪末、20
世纪初发端的第二次工业革命极大地改变了美国的经济结构,并在 1894 年一
跃成为世界第一工业大国。这一时期美国加速完成了工业化、城市化和移民运
动,经济增长迅猛,社会结构也随之快速变革。这种根本性结构转变的驱动力
源于国内各利益集团力量的变化,其中工商业集团的实力上升最快,逐渐居于
美国政治、经济生活的主导地位,为其利益代言的政府行政能力、特别联邦政府

---

① 约翰·费斯克.关键概念:传播与文化研究辞典[M].李彬,译.北京:新华出版社,2004:128.
② 以 1917 年为分界的代表学者及著作包括:Lewis L. Gould 在著作 *The Progressive Era* 中将进步时
代界定为从 19 世纪 90 年代的经济危机末开始至第一次世界大战结束的这段时期;David A.
Shannon 在著作 *Twentieth Century America* 中将对进步时代的考察定位在 1900 年至 1917 年,而
国内学者王绍光在著作《美国进步时代的启示》中,将研究时段设定在 1880 年至 1920 年。虽然存
在具体年份差异,但对这一时期美国发展主线的看法是一致的:从 19 世纪末到美国正式参加第一
次世界大战为止。

在"规模、结构和功能等方面大大加强，从而在推动美国经济增长和对外扩张方面发挥了至关重要的作用"[1]；正是在政府掌控国家发展能力显著增强以后，才更加有利于组织国际级的大型会展活动以贯彻国家意志，通过会展经济进一步拉动国内建设、加速海外扩张。

其次，主办世博会的最主要话语资源来自产业的进步和科学技术的创新成果，美国成为世界第一工业大国后具有这种竞争实力。圣路易斯世博会上，美国在高大的机械馆里面陈列各种能源的发动机和新型机械，机械馆旁一栋每天供煤 500 吨的建筑为整个世博园区提供能源；矿物学和冶金学馆首次展出了工人开矿和生产石油的庞大实景；组织召开了国际知名科学家云集的一次重要国际科学大会，以"科学和艺术"为主题、以人为中心，按"地球的人""生产的人""经济的人"进行分类主题研讨[2]，这些高水平、大规模的展示行为与交流活动充分彰显了美国强大的工业产能和科技创新居于世界前沿的水平。

其实力基础源自美国成为第二次工业革命的领导者：19 世纪末、20 世纪初正值美国处于产业革命的高潮时期，科技进步推动了生产力和经济效率的迅速提升，也带来了产业经济的全面繁荣。在农业方面，以播种机、收割机、蒸汽机发动犁、拖拉机等为代表的新型机械发明和应用，大幅提高了农业生产效率，推动了农业经济增长，因此世博会机械工业馆里展示了大量此类新型农机设备；1870 年以后，以电力、石油、天然气等为代表的新能源广泛应用，新式炼钢技术的工业革新，也推动了重型机械、煤炭、钢材、铁路等新兴产业蓬勃发展；基于美国在第二次工业革命中成为领军者，1894 年其国内工业生产总值大幅超过了称为"世界工厂"的英国，跃居世界第一；而发展到第一次世界大战爆发前，美国国内制造业的生产总量已超越英、法、德三个主要工业国家制造业生产的总和（见表 3-1）。正是基于世界上最强大的工农业生产力，美国 1889 年工业产值开始超过农业产值，真正转型成为一个现代工业国，使美国有充足的实力和工业、科技创新成果在世博会竞技舞台上向世界展示其"进步时代"取得的巨大成就，用一场规模、层次都史无前例的世博仪式展演来争夺引领世界产业发展，成为经济繁荣中心的话语权。

---

① 张爽.美国崛起之政治经济学分析(1865—1945)[M].北京:时事出版社,2012:128.

② 宋超.世博读本[M].上海:上海科学技术文献出版社,2008:35.

表 3 - 1　1871—1918 年欧美主要国家 GDP① 按 1990 年美元币值计算（单位：亿美元）

年份	美国	英国	德国	法国
1872	1 063.60	1 057.95	766.58	783.13
1890	2 147.14	1 502.69	1 155.81	950.74
1898	2 788.69	1 787.96	1 502.31	1 116. 90
1913	5 173.83	2 246.18	2 373.32	1 444.89
1918	5 939.56	2 542.68	1 946.12	923.28

1. 最大规模的主题展馆：象征汽车时代到来与交通革命的运输馆

在美国 19 世纪至 20 世纪的崛起中，交通运输业的建设成就和产业革命贡献巨大，1904 年圣路易斯世博会和 1915 年巴拿马世博会均将此作为重点展示内容，并专门设立了交通运输馆。首先，圣路易斯世博会上的"运输馆"是面积最大、约有 9 个橄榄球场大小的专题展馆，占地 15 英亩；展馆正门高达 60 英尺，展会期间组织了来自纽约、芝加哥、波士顿、费城等地的 140 辆汽车从大门鱼贯而入，寓意着"欢迎汽车世纪的到来"。虽然当时有的汽车仍采用蒸汽机驱动，最贵的价格高达 18 000 美元，但在当时远未普及的情况下，拥有一部汽车成为中产阶级一种时尚与身份的象征和梦想。因此，规模宏大的运输馆自然成为人们渴望参观、接触梦想的一个巨大"奇观"。

其次，发展到 1915 年巴拿马世博会时期，福特等大型汽车企业已通过大规模流水生产线的先进技术和生产管理模式将汽车发展成为普通消费者买得起的代步工具，美国率先迎来了真正的"汽车时代"。汽车产量从 1895 年正式投产时的 300 辆增加到 1900 年的 4 200 辆，继而到 1913 年的 486 000 辆②。为了彰显这一巨大成就，在交通运输馆中美国甚至直接把汽车的流水生产线进行现场展览。这时的福特汽车流水线代表了当时最为先进的制造业发展水平，汽车开始步入寻常百姓家中："仅 1929 年到 1930 年，全国汽车的注册数量翻了三

① AUGUS MADDISON. The world economy，Vol. 2，Historical statistics[M].Paris：Development Centre of the Organization for Economic Cooperation and Development，2006：426 - 427，462 - 463.
② A.D.CHANDLER. Scale and scope：the dynamics of industrial capitalism[M].Harvard：Harvard University Press，1900：35.

番,有资料显示 1929 年,就有 50% 的非农家庭拥有汽车,一辆福特的 T 型车售价不到 300 美元,二手车的售价更只有 60 美元左右。"①

从世博会场馆的组织建设来看,这些规模宏伟、技术先进的展馆得到了美国大企业的全力支持。例如毗邻巴拿马世博园区的旧金山"湾区东部……有许多工厂等集中到该地,如大型的汽车商城、美孚石油精炼厂、西部管道和钢铁公司"②。这些就近的地方大型企业将世博会视为展示企业形象、扩大竞争优势的绝佳机遇,成为场馆建设、提供大型展品的重要资助方或参展商。大企业的积极参展行动实质上反映美国工商业集团已经成为贯彻国家意志、助力美国走出海外的中坚力量。正是他们推动了美国 1889 年工业产值就已超农业产值成为创造国家财富的主要途径,并在 19 世纪末、20 世纪初的第二次工业革命中使制造业在工业结构中逐渐占据优势,除传统轻工行业、机车制造、冶铁业等以外,钢铁生产、机器制造、汽车制造、电话、铁路、煤矿等新兴工业日益增多③,从而为一座座堪称当代工业"奇观"的巨大展馆竖立在世博会园区提供了话语资源,汇聚成一个巨大的表述美国工业文明力量的符号象征系统。

2. 提升美国文化品位的庆典宫与演绎美式生活方式的综合工业馆

在国际文化领域美国一直缺乏话语权,常被欧洲斥为只认金钱、底蕴浅薄的"化外之民"。因此,世博会也成为美国期望扭转国际认知与刻板印象、提升文化品位和改善形象的重要契机,在文化形象方面的投入和建设不惜血本。圣路易斯世博会上的庆典宫是美国园区中轴线上的重要展馆。美国将开幕式、闭幕式都设在此馆举办,意味着将其作为吸引世界目标的世博会焦点,来充分展示美国重视文化内涵的信心和成就,也呼应其"创造生活梦想,迎接新世纪到来"的办博目标。庆典宫上方的庞大圆顶直径甚至超过梵蒂冈圣彼得教堂的圆顶,并贴满金叶形成金碧辉煌的炫目效果;展馆内里设有 3 500 个席位的大礼堂,舞台上一部管风琴尺寸位居全球之首,在洛杉矶工厂定制,完工后用 12 节列车车厢运至圣路易斯;庆典宫的建设与展演中,管风琴师、顶部雕塑师均由女性担任,以彰显对当时先进的女权主义思想的尊重。如此辉煌的庆典宫如同镶

① 王旭.美国城市发展模式[M].北京:清华大学出版社,2006:167.
② 韩忠.后工业化城市与制造业——以旧金山市为例[J].城市问题,2008(11):85.
③ 《美国历史统计,殖民地时期至 1957 年》,华盛顿 1960 年版,第 139 页。转引自:[美]沙伊贝等.近百年美国经济史[M].北京:中国社会科学出版社,1983:930.

嵌在园区皇冠中央的一颗钻石,折射出美国建造艺术精品的能力与自信,让前来参观的欧洲同行深深赞叹,从而充分发挥出了世博会展馆作为一个巨大的文化符号的话语功能。

　　到了巴拿马世博会时,美国对重点展馆作为文化象征符号的运用水平又提升了一个层次,突出表现在世博园区综合工业馆的话语表述技巧上。为了迎合中产不断提升的文化品位和消费需求,美国将综合工业馆营造为表征美国式现代生活方式的一个巨大文化场域,上演了一场家居艺术和生活时尚秀。综合工业馆展出了包括家居、家具、室内装饰、工业艺术、珠宝和艺术品等 34 类产品,用精心设计、丰富多元的展品符号构筑起一个美国现代中产文化梦想的生活场景和展示空间的奇观。综合工业馆开展后以不同地域的潮流时尚又贴近日常生活的产品吸引了大量人气,观众人满为患。从满足大众生活需求的角度来分析,综合工业馆是汇聚文化精品的梦幻舞台,20 世纪早期的欧美社会已开始走出工业化初级阶段,社会消费需求从规模化渐变升级到重视文化内涵与提升产品的格调品位。尤其在工业设计和家居领域,精美的设计和人性化制造工艺更加符合中产阶级的消费需求。这方面美国以雄厚的工业生产和科技创新能力为基础,希望以欧洲为目标迎头赶上,扭转缺乏文化品位的刻板印象,世博会自然成为一个最佳的展示窗口和宣传机会。

(二)仪式化的展演形式:世博史上的人类首次赛车竞技与飞行表演

　　世博会的开闭幕式乃至整个组织过程都限定在园区内完成,因此在世博园区的传播空间要素和展览过程的传播时间要素所构筑的传播时空中,世博会各种庆典活动实质上是一种场域化的传播过程。文化场域的生成基于庆典仪式活动的现实场景、庆典仪式行为依托的信息符号系统、仪式展演所营造的文化语境等诸多要素,不仅是仪式的核心特征之一,也很大程度上影响仪式传播过程中的传受双方对符号内涵及其社会规则、背景的认同与理解程度。其中,庆典仪式的文化展演过程就是主办方或传播者对大众解读和强化认知的叙事过程,它们所使用的话语符号或调动的象征资源决定了受众对该文化场域内的理解、认同、共享与关系建构。从功能主义来看,服务于上述目标的文化叙事方式及其技巧,正是侧重于发挥"现场性"或称"共时性"传播效果的庆典仪式的主要手段。能否基于受众已知的信息内容、适应受众符号解读的文化背景，选取适合的话语符号以及让传受双方共处于仪式营造的文化场域之中，这些都是保证包括世博会在内的庆典仪式能否有效实现"特定情境"下沟通目标、建构与巩固关系的基本条件。

　　基于上述梳理的庆典仪式达成沟通共识的几个条件，美国在 20 世纪初的两届世博会如何营造一种全球仪式感和塑造奇观场景的方式及技巧上无疑是成功的：无论主办国和参展国都精心构思，下了很多功夫，尤其在经典话语的运用方面，抓住了世博会展现人类文明进步、强调和平与发展的核心主题。例如，1915 年 2 月 22 日巴拿马世博会的开幕式仍然沿用总统不亲自到场但遥控启动开幕式的先进技术手段，威尔逊总统在 3 900 公里外的华盛顿白宫按动遥控按钮为世博会剪彩，充分彰显了美国科技领先的创新实力，也呼应了世博会的奇观化表达方式；除此之外，开幕仪式上还充满了文化寓意：加州州长和旧金山市市长带队入场，庆典队伍前有 6 辆马车、载有 23 位白发老人，被视为开辟加州的始祖①；总统按下开幕式电钮时，旧金山世博会主广场上的喷泉瞬间喷射而出，伴随着礼炮 108 声鸣响，1 万余只象征世界和平的白鸽被放飞，在城市上空遮天蔽日地翱翔，预示着博览会在和平繁荣的美洲大陆隆重召开，与欧洲战火纷飞形成了鲜明对比，也呼应了世博会呼吁和平的核心主题。

　　但当时这种刻意的主题阐释和奇观营造只是一种表象，人们已经隐隐感受到战争的临近和威胁，如当时有观众描述了 1915 年纪念庆典仪式的阅兵表演场景："赛会时有万国所派之大队兵船经由巴拿马河面而来，又有飞船队从会场起飞遍全球，此皆赛会时之特色。"②由于欧洲已经陷入一战当中，正在战场激烈对抗的欧洲列强也将战争氛围传染到大洋对岸这个暂时居于中立、营造表面和平幻境的世博会现场，各国到访的"海军和陆军整日在赛场上巡逻，军舰也在码头游弋，战火硝烟的味道也出现在会场里"③。巴拿马世博会上"无畏舰史"的娱乐表演还将这种军事战争的场景以旁观者眼中的"奇观"视角呈现给美国观众，并融入了当时的高科技手段，令当时赴美参博的中方代表屠坤华眼界大

① 伐月.巴拿马万国博览会之开幕[N].申报,1915 - 3 - 30.
② 巴拿马河成纪念大赛会第三次宣言[N].申报,1914 - 4 - 26.
③ 转引自:罗靖.中国的世博会历程[M].长沙:湖南师范大学出版社,2009:135.

开:"装演海军历史战争,始自帆艇,至于今世海军舰队之战,凡数幕焉。又演美国南北战时之海军大激战,其声隆隆,其光闪闪。观者屏息悚视,有鼻端出火,耳后生风之概。"①甚至远在万里之外的中国国内各类时事刊物上也全方位地为公众展示了世博会的盛况:如 1915 年 2 月 20 日开幕式当日,《申报》记者"伐月"在《巴拿马万国博览会之开幕》报道中用现场通讯式体裁描述了当时隆重的仪式现场:"参盛之地及通会之大道,令商民装修门面,悬挂国旗,以申庆祝而重观瞻。……九点五十分钟,场门大开,加州总督率领大队鱼贯而入,而门外之二十余万精兵随之蜂拥而进,以争睹此美丽之珠宝城,……此开幕之典礼,间静之地一变而为繁闹之场矣。"②当然,园区以外的战争氛围更加凸显了美国办博时对世界和平理念的一种坚守和信心,作为主办国巧妙地设计了一场"奇观式"的仪式展演来呼吁人类保持和平与发展的时代主题,展现了应由美国开启未来美好时代的愿景。

两届世博会最为核心和精彩的仪式展演部分就是体现人类尖端科技成果的飞行表演和赛车竞技:当飞行员"林肯·比切出现在旧金山巴拿马太平洋世界博览会时,已是世界上最有名的飞行员"③。他驾驶飞机掠过展览馆上空时引起了观众的阵阵惊叹,这是人类"第一次在世界博览会上的飞行表演"④。实际上 1904 年圣路易斯世博会时,莱特兄弟的飞机就首次亮相,但以动态的飞行表演方式呈现在世界观众面前无疑更具有震撼效果,展现了美国引领人类进入"飞行时代"的强烈信心。有评论说:"博览会上的飞行表演开创了举办重大会议飞机助兴的先河,(此时)距离人类发明飞机成功也仅过去 10 多个年头,这也预示着飞机将在人类生活中所扮演的地位逐渐提升。"⑤

而赛车竞技活动作为本届世博会仪式展演的另一大重点内容在美国拥有更加深厚的产业基础:"巴拿马太平洋世界博览会是美国博览会上第一次出现

①　屠坤华.万国博览会游记[M].上海:商务印书馆,1916:189+199.

②　伐月.巴拿马万国博览会之开幕[N].申报,1915-2-20.

③　DR. WILLIAM LIPSKY. Images of America:San Francisco's Panama-Pacific international exposition [M].Charleston,South Carolina:Arcadia Publishing,2005:112.

④　DR. WILLIAM LIPSKY. Images of America:San Francisco's Panama-Pacific international exposition [M].Charleston,South Carolina:Arcadia Publishing,2005:103.

⑤　DR. WILLIAM LIPSKY. Images of America:San Francisco's Panama-Pacific international exposition [M].Charleston,South Carolina:Arcadia Publishing,2005:103.

赛车的。观众可以观看到速度可达到每小时 50 英里的驱动车呼啸而过。"①赛车竞技能够充分展现汽车性能和技术水平，也高度符合了世博会以工业科技成果展开国家竞技的主题。此时的汽车工业在美国已发展为有强大生产能力和雄厚工业基础的新兴强势产业，"汽车产量从 1895 年正式投产时的 300 辆增加到 1900 年的 4 200 辆，继而到 1913 年的 486 000 辆。"②这种产能得益于福特公司先进的生产管理制度和技术创新支持，汽车已经从 1904 年圣路易斯世博会上作为贵族专享的奢侈品展示，转变为走入寻常百姓家的大众耐用消费品和迅速普及的代步工具。以福特公司为代表的汽车工业发展史就是美国 20 世纪初领导第二次工业革命、率先进入大众消费社会的成功缩影。"自 19 世纪末汽车发明以后，它的产量与日俱增，尤其是在美国。1903 年，亨利·福特与其他几个投资人成立了福特汽车公司。1908 年他试制成功新式的工型汽车，并于 1913 年创设了世界上第一条汽车流水装配线，使汽车售价由过去的每辆 8 000 美元降至 500 美元，由此汽车在美国快速普及起来。"③福特公司创新的"福特制"也是美国对外展示先进工业管理模式、向世界产业经济领域提供国际公共产品的一项重要话语资源。它"通过使用机械化、标准化的可替换零部件，逐渐加快的组装速度，以及部件的精确化和统一化，将这种实用主义的标准化设计推向顶峰，到 1927 年停产时，福特 T 型车产量已多达 1 500 多万辆，创造了世界工业史上的一个奇迹"④。

世博会上象征美国先进工业水平的汽车工业展品符号产生了巨大的影响力，且不止于经济领域，还由此推动了城市居民消费模式乃至生活方式的变革，成为美国率先进入大众消费社会的加速器。对城市上层收入者尤其是日益扩大的中产阶层来说，现代生活内容中"居住别墅、讲究饮食、追求时尚、外出郊游成为他们生活的重要组成部分。但是，最令他们心动的莫过于拥有私家汽车。"⑤汽车不仅扩大了中产阶层的生活半径、休闲方式和社交网络，还改变了

① DR. WILLIAM LIPSKY. Images of America：San Francisco's Panama-Pacific international exposition [M].Charleston，South Carolina：Arcadia Publishing，2005：104.
② A.D.CHANDLER. Scale and scope：the dynamics of industrial capitalism[M]. Harvard：Harvard University Press，1900：35.
③ 何顺果.全球化的历史考察[M].南昌：江西人民出版社，2010：264.
④ 李江.旧金山世博会：城市的复兴与走向消费的设计[J].装饰，2010（205）：62.
⑤ 何顺果.全球化的历史考察[M].南昌：江西人民出版社，2010：264.

美国民众的消费方式乃至美国城市的功能结构,推动了原有城市周边地区的经济发展,加速了城市边界的扩张及美国的城市化进程,这也是今天美国被称为"车轮上国家"的原因,成为代表美国生活方式的话语符号,大大提升了人们的生活节奏和整个社会运转效率。"正是在福特、柯达以及其他美国大公司的推动下,美国进入了第一次世界大战后的一派繁荣的大众消费社会。"①在其示范下,其他欧洲国家也大力发展汽车制造业,汽车以惊人速度在西方国家的中产阶层普及开来,推动人类真正进入"汽车时代"。如 1919 年的广告词是"买一辆福特就等于消除了差异",1923 年改为"买一辆福特就等于花去了差异"②。"到 1913 年,全世界已有私人汽车 151.1 万辆左右;其中美国约有 119 万辆、英国约有 10.6 万辆、法国约有 9.1 万辆、德国约有 5 万辆、意大利约有 2 万辆、加拿大约有 5.4 万辆。"③由此可以推论,世博会上赛车竞技的仪式展演,成为一个宣传美国汽车工业实力及其引领世界产业革命、示范美国生活方式的最佳载体。

(三)科技创新领先者形象:开幕式上威尔逊总统启动电钮点亮世博会场

第二次工业革命无疑是以电力应用为显著标志的,美国在这场科技创新的竞赛中扮演了领导者的角色,诸如电话、无线电以及留声机等对人类文明和社会进步产生重大影响的新技术发明多出自美国。因此,它在世博会上自然将此作为科技创新的重点展示内容和一种知识话语,为争夺工业科技领域的话语权、塑造世界未来的领导者形象服务。例如在 1904 年圣路易斯世博会的电气馆,最具人气的热点展品就是设置了电报电话,它让参观者用无线电与芝加哥、堪萨斯等地远程通话;爱迪生还亲自到电气馆检查所有的电子展览装置,确保通讯配备能够完美发挥功能,以展现美国开始步入电气时代的先进性;而在 1915 年巴拿马世博会上,美国电力革命成果更进一步,为突显这一标志性成就精心设计了一次电力科技"出场秀"。

世博会开幕式是举世瞩目的重大事件,具有很高的社会关注度和新闻价值,作为一场全球规模的盛大仪式,它浓缩了主办者精心设计的文化内涵及其

---

① 　王晓德.文化的帝国:20 世纪全球美国化研究[M].北京:中国社科出版社:197.
② 　王晓德.文化的帝国:20 世纪全球美国化研究[M].北京:中国社科出版社:197.
③ 　AD VAIL DER WOUDE. Urbanization in history: a process of dynamic interactions[M]. Oxford: Oxford University Press, 1990:323.

象征寓意。因此,如何利用好开幕式来展现国家意志、塑造国际形象,是考验会展主办方智慧和能力的关键环节。1915 年巴拿马世博会的开幕式,美国就是选取了最能代表其科技创新能力和未来领导世界潜质的电力应用设备及其远程通信技术作为开幕式的展示亮点。美国主办世博会开幕式的惯例是总统并不亲自到场,而通过远程发送指令的方式为世博会揭幕。因此在该届世博会上为了配合开幕式展现"奇观"的需要,也为突显展品的"奇特"性能,"威尔逊总统按下电按钮,随即从华盛顿发出了一个信号,开启了博览会的大门"①,总统以远程电力操控的表演形式为世博会揭幕,也开启了迈向科技新时代的进步之门,充分彰显了当时美国在电能应用方面的顶尖技术实力,通过这种仪式般的新奇展演方式既吸引了全世界观众对电能技术的关注,也象征着美国成为开启人类电力时代的领先者:"也正是这一按,通用公司负责照明的灯光照亮了全场,预示着电能不知不觉在人类生活中已占据了主要位置。"②运用电力照明的揭幕效果也起到了纪念"爱迪生发明电灯把人类从黑暗中解放出来,表达了全世界人民对爱迪生的敬慕和爱戴,这也成为本届世博会的高潮之一"③。此外,长途电话也再次成为巴拿马世博会的焦点之一,在旧金山设立了美国西部首条电话线路起点站,当时有媒体报道盛赞了世博会的这一展示亮点:"1915 年 1 月 25 日,本届博览会是西部第一条横贯大陆的电话总站,亚历山大·贝尔在纽约连通了在展览中心的托马斯·沃森,'这是一个了不起的发明'。"④由此可见,作为精品云集的国家竞技舞台,世博会无疑是汇聚、宣传和助推各种人类文明代表性成果走向世界的加速器,充分发挥出了国际会展活动的创新传播平台功能。

1. 电机设备成为展品主角:工矿业繁荣与大型企业对创新的强力支撑

除了开幕式展示电力时代奇迹的科技展演,在为期数月的世博会主展区,美国也在诸多展馆中布置了各类电力应用设备,以期构筑一个电力时代的先进

---

① DR. WILLIAM LIPSKY. Images of America: San Francisco's Panama-Pacific international exposition [M].Charleston,South Carolina:Arcadia Publishing,2005:45.

② 周秀琴,李近明,刘守柔.世博会简史[M].上海:上海教育出版社,2010:83.

③ 焦贵平,曾原.收藏世博会[M].上海:上海大学出版社,2008:47-48.

④ DR. WILLIAM LIPSKY. Images of America: San Francisco's Panama-Pacific international exposition [M].Charleston, South Carolina:Arcadia Publishing,2005:103.

工业体系缩影,宣扬美国引领第二次工业革命的丰硕成果。例如在 1915 年巴拿马世博会的机械工业馆里展示了"所有现在美国重型机械的奇迹:机床、石油发动机、客运和货运电梯、印刷机、蓄电池和保险柜"①。而交通馆、采矿冶金馆也成为美国汽油机、空气机、电机等先进工业设备为焦点的展示舞台,向世界观众具象地描绘了一个现代化工业制造强国的形象。

首先,世博会的电力展品"奇观"背后依托的是美国先进的工业化、电力化改造成果及其强大的电力工业基础:1900 年美国在世界制造业中所占比例为23.6%,成为制造业第一大国②。其中,美国的电器器材总价值从 1879 年的265 万美元增加到 1914 年的 35 943 万美元。③ 当然,电力革命的突飞猛进并非一蹴而就,前提是美国 19 世纪工矿业繁荣所奠定的能源革命的良好基础:以重要工业部门为例,美国 1870—1914 年煤产量增加了 11.2 倍,铁产量增加了15.4 倍,钢产量增加了 189.1 倍;新兴工业中石油开采量从 1860 年的 50 万桶增加到 1900 年的 6 362 万桶④。这些能源和矿产为构筑美国完整的工业体系、推动第二次工业革命提供了重要的物质基础和必需资源,因此世博会上也精心设计、动态展示了能源革命的过程:早在 1904 年圣路易斯世博会时,美国就在矿物学和冶金学馆内以真人采矿的实景来呈现其全球矿产开采的生产流程,甚至在展馆旁建设了供应整个世博会园区的高效能源中心。

其次,以展示电力、能源革命为标志的美国工业发展成果,根源于其企业创新能力的大幅提升。19 世纪末、20 世纪初"兼并潮"后涌现的众多垄断性大企业如通用电气公司、美国电话电报公司、洛克菲勒集团等,他们出于控制技术开发所有权、建立竞争壁垒、攫取超额利润等目的,在科技研发的投入意愿和创新能力上大大增强了,新的技术和生产成果不断涌现,自然也为世博会上美国树立第二次工业革命领导者的形象提供了充足的话语资源。而且,毗邻园区的旧金山"湾区东部日益成为旧金山乃至美国东部资本投资的乐土。有许多工厂集

① DR. WILLIAM LIPSKY. Images of America: San Francisco's Panama-Pacific international exposition [M].Charleston, South Carolina:Arcadia Publishing,2005:6021.
② 保罗·肯尼迪.大国的兴衰[M].陈景彪,译.北京:中国经济出版社,1989:294-295.
③ A.D.CHANDLER. Scale and scope: the dynamics of industrial capitalism[M]. Harvard: Harvard University Press,1900:35.
④ A.D.CHANDLER. Scale and scope: the dynamics of industrial capitalism[M]. Harvard: Harvard University Press,1900:35.

中到该地，如大型的汽车商城、美孚石油精炼厂、西部管道和钢铁公司。"①这些就近的地方大型企业出于塑造企业形象、扩大市场宣传的经营目的，也成为积极的世博会资助者和参展商。

2. 向世界提供、分享制度性公共产品：福特制等先进管理模式

世博会不仅是物品形态的知识话语的展示窗口，也是各类科技创新成果的分享平台，参展方在全球范围的相互交流学习中得到知识技术的收益成为世博会延续 160 余年的文化吸引力与生命力的重要源泉。福柯认为，"知识话语"是工业社会形成以来一种以现代科学知识为标准、取代传统社会的宗教身份、封建等级制度，具有社会功能属性，用于规制现代人思想行为的一种新形态的话语工具；在国际社会层面，国家间也往往以工业化、科学化程度作为区分"前文明"和文明国家的标准，进行国际政治经济地位的权力分层。从这个意义上分析，美国极力角逐、掌控"知识话语"的目的，恰恰体现了欲在西方"文明世界体系"中向上攀升、追求更大国际权力的国家意志。具体反映在巴拿马—太平洋世博会上，美国甚至把福特公司的汽车流水生产线整体搬迁了展区，成为一项举世瞩目的巨大工业"奇观"。世界各国在赞叹美国进入大工业时代的强大生产能力之余，也理解和学习了大规模流水生产线的先进作业方式和相应的生产管理制度。福特展馆里的大规模流水线技术源于美国的实用主义传统，在生产管理的现代化革命中，这种先进的作业方式至今仍有广泛影响，以"泰勒制"和"福特制"为代表，让企业在保证质量与效率之间找到了最佳的契合点，助推了美国企业生产率的大幅提升，并促进了其产业经济的集体腾飞，因而被视为美国工业革命以来引以为傲的"机器文明"中的核心制度成果。前者由弗雷德里克·温斯洛·泰勒所发明，以标准化作业管理为核心内容，其科学管理方法体现在标准的工作定额、作业条件、熟练的技术工人三方面②。弗雷德里克·泰勒以科学管理提升生产效率的成功经验在 19 世纪末迅速传播开来，推动了美

---

① 韩忠.后工业化城市与制造业——以旧金山市为例[J].城市问题，2008(11)：85.
② 1885 年泰勒对一个名叫施密特的铲装工进行试验，用一只秒表对施密特的操作过程进行了细致准确的测量，剔除其工作的无效部分，对技术进行改进，具体规定了施密特的每一个操作细节。施密特的经验在生产部门很快被推广开来，形成了高工资与低成本的科学化管理，并在美国引起了生产管理上的一场革命，通过大幅度提高劳动生产率大大降低了生产成本，结果大量物美价廉的商品涌向市场。

国工厂生产作业流程的一场革命:"泰勒制"对技术工人的标准化动作训练与严格工作纪律管理方式降低了生产成本,进一步提升了美国的产业竞争优势;而世博会上重点展示流水线技术的"福特制"①则为美国 20 世纪初建立强大的汽车工业提供了重要的制度支撑,它通过大批量的工业生产降低成本,使普通消费者有条件买得起汽车和其他耐用消费品,整组高效的生产线及其工艺技术也成为美国工业化水平登上人类顶峰的象征符号;"在之后的十几年中,福特公司通过使用机械化、标准化的可替换零部件,逐渐加快的组装速度,以及部件的精确化和统一化,将这种实用主义的标准化设计推向顶峰,到 1927 年停产时,福特 T 型车产量已多达 1 500 多万辆,创造了世界工业史上的一个奇迹。"②马克·鲁珀特曾分析"福特制"中权力与制度的内在关系:"生产车间新的权力关系结构是福特制生产组织的核心;这些权力关系能够成为这种工作进程的既定参数,在这种意义上讲,资本在雇佣劳动力每小时的产量上获得多倍增长的利润。生产大规模提高的前景导致福特的基本生产模式在美国经济的工业核心和其他工业资本主义国家被普遍模仿和采用。"③

　　从创新扩散的传播视角来看,世博会展览期间对新技术、新科学、新文化理念的价值分享实质上也是一种国际公共产品的供给和消费过程。首先,公共产品一般包含三个层次,即物质性、理念性和制度性公共产品,不同类型的公共产品供给方通常依次对应为企业、专家或学术机构、政府或社会组织,在国际范畴中这些分层和国家层面的供给者也同样存在。威斯康星大学历史学教授乔纳森·蔡特林指出:"现代世界经济发展的一个显著特征一直是生产效率新模式的出现及其试图向国家疆域之外扩散。18 世纪末和 19 世纪初是英国;从 19 世纪末到 20 世纪 60 年代是美国,可能在 20 世纪 90 年代再次是美国;20 世纪 70 年代到 80 年代是日本。这些国家无一不被广泛认为在生产效率跨国标准

---

① "福特制"的标准化程度较"泰勒制"更进一步,大力推广产品标准化、零件规格化、工厂专业化、作业固定化和机器及工具专门化等。"福特制"的推行大大提高了生产效率,把生产成本降低到最低限度。

② 李江.旧金山世博会:城市的复兴与走向消费的设计[J].装饰,2010(205):62.

③ MARK RUPERT. Ideologies of globalization: contending visions of a new world order[M]. New York and London: Routledge, 2000:25.

的技术和商业组织上形成了创新。"①其次，公共产品与利益、权力密切相关，公共产品的提供者往往具有较强的物质或精神产品的生产能力，在对外输出产品、技术或资本，溢出财富、赚取利润的过程中，往往成为广受欢迎的利益供给方，并在对话或博弈中居于优势地位，成为权力拥有者，实质上就是将输出利益的能力和实力转化为关系范畴的权力资源的过程。再次，对国家而言，工业强国在输出产能或先进技术、制度成果的过程中目标是带来除了经济效益以外的隐性权力收益，在国际关系中成为占据博弈优势的一方，这个内在机制就是将国家的技术或资本实力转化为话语资源和争取国际影响力的过程。由此可以推论，美国作为第二次工业革命的发起者，积累了大量的工业生产技术创新成果，无论是有形的产品还是无形的技术财富，都使其拥有了更强大的对外输出能力，这些软硬件资源奠定了美国向国际社会提供公共产品的实力基础；同时，作为工业革命领先者的收益不仅反映在提升国内生产效率和优化产业结构上，也反映在通过对外输出这些先进的创新成果和管理制度，将技术优势转化为一种知识话语资源，这些以国际公共产品形态存在的无形的知识话语，为其扩大全球的产业投资、提升国际吸引力、影响力和争夺经济话语权服务。例如，康涅狄格大学历史系教授弗兰克·科斯蒂廖拉认为，在 20 世纪 20 年代，美国的亨利·福特很大程度上成为全球工商企业界的流行术语"合理化"（rationalization）一词的最佳代言人。各国"记者们和公共关系学者向渴望了解到（美国）繁荣的秘密，数以百万计的美国人和欧洲人宣传福特的格言和忠告。福特相信美国能够教会世界'某些原则'。他敦促工人和资方之间形成合作关系，双方都致力于以最小的成本实现最大的生产。大规模生产要求大众消费，福特实行并宣传高工资政策"②。

可见，世博会上主办方或主要参展方面向全球所展示的各种先进技术方案、管理模式、科学理论都可以视为一种知识型、制度型的国际公共产品，这些非物质形态的公共产品被展示、学习和分享恰恰反映出了世博会成为知识话语

---

① JONATHAN ZEITLIN AND GARY HERRIGEL. Americanization and its limits：rezuorking US technology and management in Post-War Europe and Japan[M]. Oxford and New York：Oxford University Press，2000：1.

② COSTIGLIOLA. Awkward dominion：American political，economic，and cultural relations with Europe 1919—1933[M]. New York：Cornell University Press，2010：156.

的创新传播平台的本质属性。美国也借助输出"福特制"等先进生产模式和技术理念的国际公共产品,将工业优势转化为一种争夺国际经济霸权的话语资源,以强化其引领世界未来产业发展的形象和第二次工业革命领导者的国际认同。

二、符号互动:面向重点对象的异质文化沟通

世博会除了发挥单向的对外文化宣传的功能以外,也重视参展各方双向沟通与多方互动的功能。这种双向交流不仅包括借助语言、文字的人际对话和组织沟通,也更多借助具象的展品符号作为信息载体,进行内涵更为丰富的象征互动行为;使用的符号除了世博会徽标、旗帜等传统的仪式"图腾"形式以外,还包括大量的展品和展馆等具象的实体符号。无论是展品背后反映出的工业生产技术或手工制作工艺,还是展馆建筑上呈现的创意理念与设计风格,从索绪尔的符号学角度审视,这些展品、展馆的物质实体可被视为世博文化符号的"能指"(signifier),它们所要展示和表达的内涵、主题则成为符号的意义"所指"(signified),两者共同构建了世博会上不同文化主体间交流、传播所生成的象征符号系统,它们在世博会周期性、漫长的文化展演历史中,反复不断地被设计、表述,累积并强化了世博话语系统的劝服与传播效果。

从传播效果上分析,世博会所依托的具象展示符号具有超越单纯的语言文字承载的信息容量,也相对容易克服文化背景差异造成的沟通不畅问题,因为具象符号的互动往往是一种更为复杂、多元的信息交换过程,实现语言或文字难以简单化描述的相互理解与关系建构效果。索绪尔认为符号可以分为能指和所指两部分,前者是符号的具体形态,如具象的物品、抽象的文字等;后者是符号的表意内容,也是符号发挥传播功能的表征。可见,符号"不是由自然所提供的,而是被人们所建构的"。从功能视角来看,索绪尔的符号概念与福柯提出的"话语"内涵相近,话语由符号构成,侧重于"展示",即"思想""倾向""观点"等的符号表达,且更强调符号表意的社会功能属性,例如"知识话语"就是重在"展示"理性社会的秩序;而符号的生成和所指必然具有社会属性,它构成了话语意义中的一部分,或者是话语概念的基础。话语同符号的联结点恰恰在于社会功

能属性。所以说,符号形态的"话语"具有改变现实的力量,掌握了话语,就是掌控了改变主体认知以及主体间关系状态的"权力"。而复杂的符号互动往往发生在语言或文字存在理解障碍的不同文化背景的主体,尤其是认知与话语体系截然不同的国家沟通过程之中,20世纪初美国主办两届世博会期间的美中世博交往过程就是这种复杂符号互动的典型案例。

(一) 圣路易斯世博会的"画像外交":重点展品符号的象征互动过程

1. 美国20世纪之初希望借世博会建构和加强对华关系的难点

20世纪之初,中美之间无疑是差异最大的两个大国:一是美国已经基本完成工业化成为体量最大的新兴工业强国,国家发展正在快速上升通道;而中国仍是传统的农业国、国力衰微,且在保守、闭塞的清政府统治下深陷半封建、半殖民地的泥沼;二是美国文化隶属于西方价值观及其话语体系,民众心态在国家快速崛起进程中趋向开放、民主;而中国是典型的东方大国,居于迥异的东方文化体系中心,国民心态保守落后,对外界充满警惕和敌视;三是美国政治上实行先进的资产阶级民主共和政体,工商业集团主导国家外交政策,经济上开始进入垄断资本主义市场阶段,具有强烈的对外经贸扩张野心;而中国仍处于腐朽、专制的封建统治下,慈禧太后一人几乎掌控国家内政外交大局,经济上基本沦为西方国家的原料和资源供应地,士商阶层力量薄弱,还尚缺乏扭转国家走向开放民主的政治话语权。由此可见,腐朽衰微、日落西山的东方大清国与民主开放、蒸蒸日上的西方美利坚合众国之间,堪称人类文明史上最明显地分居落后与先进两端的东西方大国。

而美国此时也急需利用世博会打开与大洋彼岸异域大国的沟通之门,为新世纪力推面向亚太扩张的战略、拓展国家未来发展的巨大空间铺路搭桥。它既想不依赖欧洲传统的铁血手段拉近与中国的关系,又尝试在双方观念差异极大的前提下,运用推动合作、建立共识的和平交往方式,能否完成这一外交任务面临着极大的沟通障碍和文化挑战。由此,如何以世博会为契机,跨越双方在国家形态以及政治、经济、文化结构等方面存在的巨大鸿沟,在东西方文化及其话语体系迥异的大国之间寻找共识与合作切入点,是决定美国能否成功开展和平的世博会外交的关键。

在这一挑战面前,世博会倡导的世界文明多元共存、异质文化主体求同存异的主题与和平交往理念无疑为美国克服沟通困难提供了有利条件。但具体执行起来仍面临重重难题:首先是如何寻找到能有效开启国家沟通的关键人物,这个人物需要在当时清政府政治外交体制中居于中心地位、拥有绝对的影响力和话语权;其次是寻找能够说服做出决策的当权者、国家精英或组织机构的有力理由,找准其利益诉求点,为邀请中方参博、建立合作、促成共识搭桥铺路;再次是运用何种方式在具体筹展、办展等双方世博交往过程中巩固、强化两国关系,并将这种关系转化为最终的现实收益,为美国真正的沟通目标、谋取战略利益服务。

2. 美国圣路易斯世博会期间中美世博外交的沟通过程与劝服策略

基于上述考量,当时的美国动用了大量的国家资源和战略层面的沟通策略以解决这些现实难题。从沟通效果来看,美中之间围绕世博会的交往最终获得成功,实现了美方设定的关系建构目标。具体过程及其成功因素分析如下。

首先,为能促成中国参博成行,寻找关键人物与合适的说服渠道,美国动用了外交资源、运用精英间的人际沟通、组织传播等方式构建了一个多层次的沟通体系。从国际沟通的官方渠道来看,美国早在筹办圣路易斯世博会之初的1902 年夏,就派圣路易斯博览会总理巴礼德作为特派专员前往中国,邀请中国赴会;特使巴礼德还先后会晤了荣禄、张之洞、袁世凯、盛宣怀、刘坤一等朝廷重臣,代表美国政府官方发表邀请演说,为游说中国派团参博、营造清廷组织机构内部的舆论;但美国政府也十分清楚由于国家政体不同,官方机构间的沟通缺乏效率和决定性,1904 年清政府最终决断赴美参博这一外交大事的仍然是当时封建政治体系中的最高当权者——慈禧太后,即使是光绪皇帝也无此话语权,因为戊戌政变后光绪已经丧失了内政外交实权。故美方发出参博邀请后,将重点说服对象锁定为慈禧太后;接下来,就是选择能接近慈禧太后的外交官员担当说服者,而美国驻华公使康格(E. H. Conger)及其夫人在劝服慈禧参展、推动世博外交的过程中扮演了重要角色。

针对关键人物,美国这时主要采取的是点对点的精英间人际沟通方式:1900 年"庚子事变"后,美国驻华公使康格及其夫人率先打破了中美乃至东西方大国间的外交僵局。康格夫人以使节夫人团长身份邀请慈禧养女荣寿公主为首的各王府的福晋、格格们到美国公使馆做客，出于礼尚往来，这些王公贵族们也回请康格夫人，使之成为众多清廷贵族的朋友和常客。由于福晋、格格们的不断美言，慈禧太后曾多次接见康格夫人，与之建立了私人情谊。可见，这些高层女性间的交往活动在清政府与西方国家恢复正常外交关系时起到了关键作用。基于同最高当权者建立了良好的私人关系，1902 年 7 月 26 日美国驻华公使康格（E.H.Conger）及其夫人入京觐见慈禧太后和光绪皇帝，面谈美国邀请清政府派员参博事宜；对于美国政府的邀请，慈禧虽以年老体衰、不便远行为由推辞，但应允派皇族成员代表清廷赴会道贺。最终，在国家代表出面邀约和政要精英的人际劝服共同配合下，慈禧应允派亲王参加世博会，以示"重交谊、敦和好"①，外务部相应提出了清政府组团赴美参博的具体方案。

　　而后续为进一步巩固这一外交承诺，动员慈禧以理想方式同意参博，也融入了人际交往中的诸多情感因素。其中，选择美国女画家凯瑟琳（亦称柯尔）进宫为慈禧专门画像，并将画作作为重要展品赴美展览的劝服策略更体现了人际沟通的典型特征：例如慈禧太后开始不同意画像，按照中国传统观念认为死后才会为帝王画像以示纪念。对于这种文化差异，康格夫人向慈禧表达了她"气愤于西方书报中丑化慈禧的讽刺画（caricature）"的原因②，并以此建议慈禧接受绘制肖像并将其赴圣路易斯世博会送展的请求，以改善慈禧乃至大清国的国际社会形象。例如，康格夫人给女儿回信中就曾写道："好几个月以来，我对报上那些有关皇太后陛下的可怕的、不公平的漫画一直很气愤，同时越来越希望能让全世界看到她较为真实的形象。我想到了请求皇太后陛下准许与她讨论

----

①　在容龄的《清宫琐记》中记载慈禧曾询问西洋油画绘制的过程，可见并非全无疑虑，其后在绘制中，慈禧对于久坐一事不烦恼，惟对于最后结果相当喜欢。根据柯姑娘的回忆录，慈禧对于被画一事并不讨厌，甚至好奇于绘制方式，其间发表许多意见，主导作品风格。1905 年慈禧主动要求另一西洋画家绘其肖像，可见其为喜欢西洋油画像。见邝兆江.故宫写照的续笔：华士·胡博[J]."故宫博物院"院刊，2000（1）：81 - 91.

②　KATHERINE A. CARL. With the empress dowager[J]. The century magazine, V01. LXX, No. 6, October 1905：803 - 804."……当时因义和团事件，西人甚且称慈禧为凶手（murderer）或位高掌权、凶悍狡猾的龙女士（dragon lady），形象之难堪，可见一斑"转引自：邝兆江.慈禧形象与慈禧研究初探[J].大陆杂志，1980（9）：104 - 111. 直到 1993 年，为西方一般读者所写之慈禧传记，仍采用"龙女士"为标题，见 STERLING SEAGRAVE. DragonLady：the life and legend of the last empress of China [M].New York：Alfred A. Knopf, 1993：1.另可见当时美加报刊对于慈禧英文传记的评价，见 EMILY MACFARQUHAR. The wicked witch of the East[J].Saturday night, June 1993：10 - 11.

关于为她画肖像的事。"①可见,正是康格夫人鉴于同慈禧太后较亲密的私人关系,才成功劝服了慈禧太后为打破外界不良的刻板印象,同意以自画像为载体的符号互动形式走出国门,派团参加世博会。当然,在劝服过程中,美方也利用清政府尤其是慈禧太后希望在"庚子之变"后与西方修复外交关系的心理需求;同时,清政府也有借机考察美国宪政模式、拉拢对美关系为日俄战争中的中国利益代言等现实利益诉求。由此,中美双方在国家结构、话语体系都差异巨大的世博会沟通平台上找寻到了难得的一点文化共识和现实合作基础,促成了后续的中美双方围绕画像的一系列外交互动,基本成功地实现了各自设定的首次世博交往目标,并拉开了美国对华加深交往、在亚太扩张的历史序幕。

其次,针对如何成功劝服当权者以理想的方式赴美参博、推动两国交流,美国设计了基于世博会的文化尊重与相互理解原则的、具有丰富内涵和较好传播效果的符号化象征互动模式。前述分析中美之间分属价值观及其话语体系上迥异的不同文明主体,单纯凭借文字、语言的沟通难免会造成很多的理解偏差,反而是通过具象的物品或符号沟通时差异较小,这种具象化的沟通方式能在中美交往之初,相对狭小的共识空间中寻找到理解障碍较少的话语符号,为后续更加畅达的沟通和交往升级奠定前期基础。

具象化的符号互动优势最鲜明地反映在中方参加美国圣路易斯世博会的展品及其送展过程中,双方的成功交往就是围绕着一幅慈禧太后当时最著名的油画像展开的(见图 3 - 1)。这幅画像由美国画家凯瑟琳·卡尔(亦译为:柯尔)入宫生活 9 个月,专门为当时 69 岁的慈禧绘制,规格为 4 米高、2 米宽,为当今世界上仅存的 4 幅慈禧肖像油画中最大的一幅,也是其中唯一由外国女性画家绘制的画作。画像中的慈禧面容清秀端庄,情态平易亲和,容光焕发,身穿水仙图案冬季朝服,披戴珍珠戏装披肩,胸挂祥云珊瑚配饰,手戴珍珠手链与翡翠戒指。据卡尔的回忆录记载,慈禧非常满意这幅画作,对其津津乐道②;而在圣路易斯世博园区"美术宫"第十八展览馆之东北角展出后,运至华盛顿,时任美国总统西奥多·罗斯福在白宫举行了盛大的典礼专门为迎接这幅画像,并收

① PHYLLIS FORBES KERR. Letters from the China? the Canton—Boston Correspond [J]. Mystic seaport museum,1st Edition,January 1970:247 - 248+67.

② KATHERINE A.CARL. With the Empress Dowager of China[M]. Cheadle:KPI Limited,1986:217;237 - 238;280 - 281;287 - 288+294.

藏于美国国家博物馆[①]。

图 3‑1　慈禧太后画像(现藏于美国马里兰州苏兰史密森尼博物馆)

　　回顾围绕着慈禧画像作为重点展品赴美参博的外交过程,我们发现,中美两国成功的符号互动肇始并得益于双方精英政要的人际沟通及其劝服策略:一是针对具象符号及其背后文化隐喻的理解,双方逐步达成了一种共识。中方政要在这一互动过程中,克服了传统观念的束缚,逐渐改变了与西方交往的认知态度。例如,当康格夫人首次提出希望以画像方式代表其本人形象、赴美参博的建议时,慈禧太后一开始并不在意,甚至情绪有所抵触。因为中国古代习俗中往往是人死以后才被画像,以供后世子孙祭祀之用;在位帝王画像的展示打破了封建王朝的纪录,圣容面向平民亮相甚至越洋出访对于当时的中国堪称破天荒的大事。面对康格夫人的提议,慈禧太后难免"面现惶恐之容"。但康格夫

---

① 罗焕光.清慈禧画像[J]."历史博物馆"馆刊,1995(12):108.

人依然坚持游说称,包括大英帝国维多利亚女王等欧洲各国首脑的画像都曾在世博会上展出,受万人敬仰;而且如果慈禧太后的亲和的画像在美流传,将会非常有利于纠正国外对她的错误印象。在康格夫人坚持不懈的劝服下,慈禧太后才答应与庆亲王商议后答复,最终她同意邀请美国画家凯瑟琳·卡尔小姐进京为之画像。这一劝服过程实际上是从人际沟通的角度切入,将西方式的国际交流理念灌输到传统东方文化精英的思想当中,进而通过转变国家政要的认知态度来带动整个国家观念的转型,由点及面地展现了一种人际交往的话语力量。二是在画像绘制阶段,美国女画家凯瑟琳·卡尔(Cathleen Carl)与慈禧的个人交往过程也发挥了关键作用,其礼貌谈吐令慈禧相当满意,甚至被慈禧和宫中人一道亲切地按音译称为"柯姑娘",这样得以在长达 9 个月的时间里顺利地完成肖像绘制工作。在凯瑟琳·卡尔所著的《禁苑黄昏——一个美国女画师眼中的慈禧太后》一书中详细记载了为慈禧画像、入宫生活 9 个月的各色见闻①。其间她与慈禧、隆裕等政要精英的人际沟通十分密切,完成了包括圣路易斯世博会参展品在内的共四幅油画像,起到了加深东西方文化理解、推动中美世博会交往的作用。

再次,慈禧画像赴美参展的隆重礼仪也充分彰显了展品话语的符号象征属性以及中美之间礼尚往来的相互尊重。例如,肖像最终完成按中方的意愿选择在 1904 年 4 月 19 日 4 点的黄历"吉时",最大的画像被选中安置进了一个特大画框内。画框甚至由慈禧亲手设计,使用了稀有名贵的樟木制成,上方刻有双龙夺珠图案,珠上带有"寿"字,两边则刻有寓意"万寿无疆"的花纹图案和字句。当天慈禧太后以请帖方式邀请各国公使夫人、一等秘书夫人在"吉时"来宫里"瞻仰美利坚画师所绘之皇太后陛下圣容";之后,逐级恩准贵族、官员瞻仰,甚至还被送到外务部供更大范围官员的观瞻;之后,得到了一致赞美的画像才被精美的绸缎包裹装箱后,登上了前往圣路易斯的火车。更显隆重的是,官员为表达对画像中圣容的恭敬还专门从外务部到前门外的车站间铺设了一段专用铁轨;从北京、天津、上海,再到旧金山,一路上画像都由身着盛装的官员护送。

---

① 关于柯姑娘所画肖像之数目与今之状况,见汪莱茵:《故宫旧闻轶话》,天津:天津人民出版社,1986 年,第 175 - 180 页。《清宫藏照揭秘》,太原:书海出版社,1992 年。作者以为圣路易参展油画像仍在美国,事实上自 1906 年代中期始,此作长期借给台湾历史博物馆。见罗焕光:《清慈禧画像》,载《"历史博物馆"馆刊》,1995 年 12 月,第 5 卷,第 5 期,第 108 页。

　　画像运抵旧金山后，美方也为了显示对华交往的重视和出于对东方政治文化传统的深刻理解，举办了盛大而隆重的接待圣像仪式：主办方安排了一节专用车厢转运往圣路易斯，并由皇室特使、帝后私人代表贝子溥伦在世博会园区恭迎慈禧画像的到来。1904 年 6 月 19 日下午举行了画像"揭幕礼"，作为圣路易博览会的一项正式仪式，由溥伦主持，几天后才正式对公众开放①；而当圣路易斯世博会谢幕时，驻华盛顿中国公使馆还专门派出了一个代表团将画像作为清廷赠予的礼物接至华盛顿，时任美国总统西奥多·罗斯福甚至专门在华盛顿白宫举行了接受画像的盛大典礼，代表美国政府接收了历史上中国统治者赠予的首幅肖像，象征着中美两国之间建立了官方的亲密友谊，画像最终被美国国家博物馆收藏。从这一系列充满政治色彩的迎送中方世博会重点展品的过程来看，慈禧画像承担了中美两国政府相互尊重与沟通、积极建构大国关系的一种象征寓意，可以说是一次成功的符号互动式的"画像"外交。

　　最后，中美之间围绕画像的世博外交动机，除了有双方寻求共识、加深理解的关系诉求，还体现出强烈的符号化色彩的政治象征隐喻。一是从建立政治关系的诉求上，尽管当时美国国内掀起了"排华浪潮"，"排华法案"在清政府官方、在美华人的抗议声中通过了，但迈入"太平洋时代"的美国政府还是希望借助世博会的和平交往发展对华关系，巩固"门户开放"政策，为其亚洲扩张战略寻找关键支点，进而谋取在华的更大利益。因此，美国政府派出特使极力游说邀约清廷参展，世博会由此被赋予了东西方大国之间首次架设官方往来的桥梁、增进政治经济关系的邦交使命；而清政府最高统治者也出于希望缓和同西方关系、考察宪政，以及争取美国对日俄战争中的中方利益支持等政治目的，破例允许美国画家为其画像，以示友善，并同意派团赴美参展；可见，双方在政治上均有沟通需求，世博会以小小的画像作为交往载体，一个文化展品形式的具象符号却撬动了 20 世纪两个东西方大国间的交往新篇，不得不说是充分折射出了美国组织国际会展活动的政治智慧和战略外交能力。二是物态符号的展品在两国境内外往来传输的过程中，充斥了国家层面的政治仪式等展演行为，也充分彰显了小小展品符号所蕴含的、非同寻常的巨大象征隐喻功能。例如，圣容

---

①　MARK BENNITT. History of the Louisiana Purchase Exposition：St.LouisWDrld's Fair 0f 1904[J]. World's fair bulletin，V01.5，No.9：28；69.

画像从北京到天津港口将展品装船的一段路程,国内还修建了专用铁轨以示恭敬,可见画像本身所代表的中国最高当权者的政治身份隐喻,这种代价高昂的隆重礼节正是出于政治交往优先的考虑而非单纯的文化互动;而当画像抵达圣路易斯后,主办方安排了专门一节车厢运抵会场,并由溥伦主持了作为世博会正式组织环节之一的揭幕仪式;画像展出时又被放置在最为醒目的核心展位上:"美术宫就处于世博会中轴位置的顶端,慈禧画像又是美术馆正馆的重要位置,尺幅远大过旁边的作品,受到极大礼遇,为众人所瞩目,并且广受欢迎与赞美。"展览结束后被运往华盛顿,"由美国总统西奥多·罗斯福在白宫举行了盛大的画像接受典礼,成为清政府赠送给美国政府的第一份官方礼物,最终由美国国家博物馆收藏。"①美国在接待一幅小小的画像展品时所体现的高度重视和精心设计的迎送流程,都蕴含着背后渴望拉近中美大国关系的强烈政治意图,呈现了世博展品所承载的符号象征功能。

综上所述,中美双方围绕着世博会重点展品——慈禧画像的迎来送往实际上是两国政府、元首和精英阶层之间的一种符号互动和关系建构过程:具有特殊政治象征意义的慈禧太后画像,从绘制到运输、参展、最终作为"国礼"被收藏博物馆,都是在美方政要主动积极地邀请和说服、中方互动配合的沟通过程中才得以成功进行的。这种符号互动的优势在于:它高度呼应了世博会倡导多元文化相互尊重、和谐共存的活动主旨;依托高度浓缩了象征隐喻内涵的具象展品,在双方的符号互动过程中为来自不同文化背景、具有迥异认知体系的国家主体间相互沟通,提供了灵活而高效的信息载体和话语资源,便于双方克服语义理解的障碍,进行更为畅达的国际交流,从而实现增进共识、促成大国合作的沟通目标。

(二)巴拿马世博会的"中华展品热":组展方对重点沟通目标的制度激励

世博会除了在双向互动过程中可通过各类沟通方式、劝服技巧来实现关系建构等办展目标,在发挥博览会的竞技功能及其奖励制度上,也能为主办者设

---

① 画作初由美国艺术博物馆收藏,后出借到台湾历史博物馆展出,但因保护不善,画作有所损坏,被尘封仓库;2011 年底画作运回美国,组织 26 位艺术人员,历经 3 年时间,终于将慈禧巨幅肖像油画修复完成,现由美国马里兰州苏兰史密森尼博物馆展出(转载于网易艺术北京)。

定的价值导向提供激励手段和更广阔的谋划空间。美国 20 世纪初主办的两届世博会上，都积极地在筹展、办展乃至展后各个阶段进行策划布局与制度设计，帮助其劝服和激励重点交往对象、塑造强国形象。

1904 年圣路易斯世博会时，美国依托强大的工业生产和科技创新实力，加之充分发挥主场优势，精心设计竞赛评比及奖项制度，设置了总数为 39 158 个奖项，而"其中 38％即 15 009 个奖项属于美国人"①，丰收的奖项充分展现了办展之初美国旨在塑造工业强国形象的战略意图。而且，对于重点交往对象——中国的参展奖励，美国也是给予了充分的鼓励和一定的奖励倾斜。在中国清政府送展的展品褒奖以及媒体报道上，总体上以积极正面的态度加以描述宣传，为实现拉拢中国、博得中方好感、拓展亚太市场的战略沟通目标服务。例如，除了前述以隆重礼仪迎接中方重点展品——慈禧画像以外，还以高规格接待中方参博代表团，并高度评价中方展品，引导其成为美国观众热议的看点。世博会开幕后，中国的古典建筑风格引起了轰动。仿照贝子府建设的"国亭"，由牌楼、门楼、八角亭、水池和一座五开间厅堂组成，被美国媒体以溢美之词详细描绘其精美程度，并誉为"本届博览会上最漂亮的东方建筑典范"。世博会上中国商品也大受美国观众欢迎，瓷器、茶叶、丝绸、地毯等几乎销售一空。在授奖方面，中国茶瓷赛会公司的红茶、绿茶获得了世博会超等文凭（最高奖）和金奖；美国白克兰公司全部收购了其零售之外的四万余磅中国茶叶，并当场签订合同，作为其在美总代理；中国启新洋灰（水泥）公司参展的马牌洋灰，也获得了金奖。总体上，世博会中国参展商共夺得各级奖项 100 余项，有力地促进了中美双边贸易，美国初步实现了最为期望的加深经贸往来的目标。

而到主办 1915 年巴拿马世博会时，美国在奖项制度设计上更具倾向性，尤其对新兴的资产阶级民主政体——中华民国代表团在筹展、参展和展后评奖各个阶段给予制度激励和授奖关照，从而最大化地实现世博会建构关系的目标。具体可以归纳为三个方面。

1. 展前的筹备阶段美中之间的积极互动

首先，在展前的策划、筹备阶段，美国世博会筹办委员会就提前专程来华进行宣传，并郑重征求中方工商部部长陈琪等人对世博会选址等办展意见和建

① 吴建中.世博文化解读：进步创新交流[M].上海：上海大学出版社,2009：10.

议,赢得了中方举国上下的高度重视和积极备展,为延续世博会作为中美邦交的传统而重要的平台、加深双方经贸往来奠定前期基础。其次,这种良好的展前沟通源于双方都有强烈的利益诉求。美国策划 1915 年在旧金山举办巴拿马太平洋国际博览会之初,它已经凭借世界第一工业大国的实力在亚太地区包括中国确立起足以正面对抗英、俄、日等传统列强的地位;而且,由于它是最早承认中华民国的西方国家之一,中国北洋政府为了"亲睦国交",对美举办的本届博览会也持积极支持的态度并高度重视。两国都想借世博会的交流契机,相互展示并维系良好的"亲善"形象,为日后深化双边关系奠定良好开局。因此,美国在策划筹展之初就组织实业团访华,向工商业界的政府代表张謇等人发出邀请意向。作为回应,中方也明确表示了拟参加筹办中的博览会,而且提出希望在华人聚居的太平洋沿岸城市旧金山举行;当后来得到美方的确切答复时,国内工商业界更是充满了参与的热情与高度期待;1913 年出任农林、工商总长的张謇亲自领导专设的"筹备巴拿马赛会事务局",积极开展筹备工作。同时,中国政府鼓励工商业界走出国门、学习先进经验,组团参加了 1914 年 4 月的日本大正博览会,了解日本筹备巴拿马世博会的进展;并在北京、上海等地由农商部组织举办了"国货展览会",在各地预演中积累实战经验,调动民众尤其是工商业阶层的积极性,因此促成了国内的第二次"博览会热"。

由此可见,美中双方已在国际展会组织阶段就开始建立了良好的沟通互动机制与合作关系,这也为下一步会展交流实现预期效果奠定了坚实基础。1915年 1 月 14 日巴拿马博览会主办方欢迎中国赴美赛会代表时,中国赴赛监督陈琪明确表达了希望在中美良好关系基础上,以此为契机进一步促进经贸、文化交流的愿望:"旷观世界大势在东半球之相对相亲者,宜莫如中美两国。盖就历史言,则百年来玉帛相见,两国从无失和之事。就地理言,则太平洋东西遥相对峙,一水可通,最称便利。就政治而言,则美以合众中以共和政体亦复相同,新造之邦正资借镜。"

再次,在展览前期的场馆建设上双方也密切合作,美方积极为中国展馆建设和布展提供各种方便条件。最终,民国政府仿照北京紫禁城太和殿的建筑风格,搭建了具有浓郁民族风格的"中华政府馆"。有学者研究世博会上的国家展馆作为体现国家形象的符号功能时分析:这些展馆的设计理念和建筑风格、设计元素为推动不同文明间的相互理解发挥了促进作用，美国人认为虽然新兴的中华民国沿用了前朝的政治符号，但普遍给予了赞誉和关注，也理解了这一建筑风格表明象征中华传统文化的符号元素"对于自身形象的塑造同样是不可或缺的"，并认为它在世博文化语境的塑造方面被赋予了一种新的内涵以及象征"宗教和政治场所的功能"①（见图3-2）。

图 3-2　1915 年巴拿马世博会上的中国展馆照片

2. 展中阶段"中华访美实业团"的团体交流及美国媒体的高度评价

首先，美中双方在展会不同阶段的团体交流与其静态的展览功能形成了互补。早在 1910 年，由美国旧金山商人罗伯特·大来率领的美国实业团就开始了多次访华之旅，1912、1913 年连续来访并邀请中方回访。1914 年巴拿马博览会特使爱旦穆来华动员时进一步鼓励、游说中国商会组团访美。为回应美方在筹展阶段积极邀请，新生的中华民国政府旨在加快推进实业救国、振兴工商的政策，以世博会使团出访为契机，派出了史上最大规模的由工商企业家组成的"中华访美实业团"，把美中双方的经贸合作关系推上了一个新的高度。1915 年 4 月 9 日，实业团从上海出发，5 月 3 日展会期间抵达美国旧金山。美方派出了外交部、财政部、商工部领导及全美商业联合会、西美商业联合会等组织团

---

① 苏珊.一个预置的紫禁城？——记 1915 年中华民国参加巴拿马太平洋世博会[M].肖笛，译.上海：同济大学出版社，2009.

体的代表前往迎接。实业团在旧金山对世博会进行为期一周的参观后,赴美各地共 26 座城市进行了巡回考察,不仅受到了当地商会的热烈欢迎,还代表华商签署了价值高达 500 万元的订单,出席宴会 43 次,参观工厂 243 个,最后于 6 月 30 日返回旧金山启程回国,历时 50 天,行程 11 740 英里①。通过这种国际展会期间官商合作、民间交流等形式,中美双方进一步深化了往来,也更充分地实现了国际展会加强互动、建构关系的沟通效果。一位美商撰文评论此次展览期间访美的成效:"可使中美联络友谊,互相帮助。……是中美联络交谊最好之时机,亦为两国商业发达最好之时机。"②

其次,除了民间团体的组织交流与经贸互动,中美之间的官方合作与文化沟通也提升到了一个新的水平。美国主办方设计之初就将中国政府馆安排在世博园区加拿大馆以东、阿根廷馆以西的突出位置,与前方大道纽约市馆遥遥相对;博览会会场总经理还在 1915 年 3 月 9 日政府馆开幕之时将其命名为"中华日"。当日中国政府馆门前挂中美两国国旗,当地华人纷纷歇业前来参加庆祝活动,出席者数千人。下午 2 时开启场馆大门,中国馆的开幕式、欢迎式同时举行;馆前的广场甚至专门安排了陆军仪仗队列队,飞来数架美国飞机盘旋助威;中国馆门的两侧走廊上左右分列美国乐队与中国会馆合唱队演奏造势。开幕式由民国政府指派的赛会副监督阳祺主持;世博会主办方还在仪式闭幕之际向来宾赠送了特制的一枚象征中美世博友谊的纪念铜牌。由此可见,相比清政府时期的 1904 年圣路易斯世博会,本届世博会期间的一系列美中双方的交往规模更加扩大、互动方式更加丰富多样。当时就有学者详细描绘了此次盛会对东西方大国关系乃至文化交流的积极影响:"政治家、文学家、外交家、工艺家、宗教人士、美术大师互相研究,互相资益,各挟新思想而来,各得新智识而去,使万国学子得以比较规模,以促进世界文明之之进步。此次大博览会实可世界公共之大学校而赛会之所以可贵者,亦以此也。"③4 月 22 日中国馆开幕之日,美方赛会总理及全体职员还专门设宴招待中方参会人员并称赞道:"中国此次展品的精美,多为以前所没有;中美邦交辑睦尤深。"这种中美不同文化间愈发密

---

① 梁碧莹.龙与鹰:中美交往的历史考察[M].广州:广东人民出版社,2004:299.
② 北京报界与实业界之酬酢[N].申报,1915-1-12.
③ 裘毓麟.巴拿马大博览会述略[J].大中华杂志,1916(1).转自:屠坤华.万国博览会游记[M].上海:上海商务印书馆,1916:211-212.

切的相互交流也收到了持久的效果，例如美国时尚界本届世博会期间追捧的亮点展品就是中式女装，当时的旧金山和中国国内报纸都进行长篇的报道。以此为契机，两国的社会组织团体在教育、艺术、卫生等领域的民间交流及产业合作上互动日趋频繁，充分呼应了世博会鼓励多元文化走向理解、彼此融合的全球化交往理念。

再次，在整个世博会的举办过程中，美国观众及大众媒体对中方参博的认真态度和组织布展水平的显著进步也普遍给予了肯定性评价。旧金山会场中国展区的 9 个馆内全景式地展示了诸如火车头、桥梁、货车、汽船、全国铁路线路图、邮政系统等中国工业基础的现状与蓬勃发展的工业化成就。这些代表新兴中国工业化实力的展品符号，引发了当地媒体的广泛赞誉。如《旧金山纪事报》从"环球大厅"的新闻版面中留出专版来报道中国展品：除了来自"旧国度"的艺术品和瓷器之外，专栏作者还特别提道："现代中国也来了，严格地说是一个现代的商业中国……最引人注目的还是食品制造和农业馆。中国在此显示出他们已经在现代工业的道路上迈出了第一步，证据即完整的食品生产线——大堆肉罐头和海鲜罐头来自民国的第一个食品加工包装厂……矿产和交通展更加证明了现代工业对这个国家的影响，展品由中国资本家与中国工程师共同经营的矿业公司提供，所展示的铁路设施模型也是由国内的设计师和工作室完成的。看得出，工业在中国的重要意义。"[1]

3. 展后阶段美国评奖制度设计上的鼓励与价值导向

在展后的评奖评优阶段，充分体现了美国将世博会奖项设置作为一种制度设计和价值导向的策划智慧，奖项标准被视为一种制度形式的话语，助推了通过展会活动建构关系的战略意图。首先，从组展方式看，本届世博会通过商业募集、发行政府债券等形式共筹集了约 1 000 万美元的启动资金，其中很大一部分作为世博会评奖的资金来使用。在评奖的制度设计上，美国世博会的评审团选取了"500 名来自各国的专家组建，美方出任会长、副会长，商议设立 6 个等级奖项"[2]，掌握了主要的话语权，从而使之更好地为美国拉拢重点交往对

---

① 《旧金山纪事报》，1915 年 5 月 2 日。转引自：苏珊.一个预置的紫禁城？——记 1915 年中华民国参加巴拿马太平洋世博会[M].肖笛，译.上海：同济大学出版社，2009.

② 上海市老科学技术工作者协会.走近世博[M].上海：上海科学技术文献出版社，2007：70.

象、塑造国家领先形象服务。这些奖项包括:"最高奖、荣誉勋章奖、金奖(前 3 个奖项均为金奖)、银奖、铜奖、口头表彰奖;最终,评奖 25 527 个,实发奖章 20 344 枚,奖状 25 527 张。"①

其次,从评奖结果来推断,由于美方在一战欧洲缺席的情况下愈加重视发展与东方大国——中国的经贸关系,中国上升为美国重点的交往对象;加上中国自身的精心准备,最终在展品获奖成绩上被授予了数量最多的奖项,得奖总数仅次于美国而位列次席。本届中方的参展团队抓住美国友善的世博接待态度,以此为宣传契机,努力向世界展示了一个迅速向现代文明转型的、积极追赶工业化进程的中国。为了增强展示效果,中方展览区甚至还专门准备了英文广播,提供指南服务,以让世界更好地了解中国发展的巨大潜力。为鼓励中国系统而精心的组展工作,美国授予了中方有史以来参博的最多奖项,中国共获 1 211 项大奖,其中大奖章 57 枚、金牌奖 258 枚、银牌奖 337 枚、铜牌奖 258 枚、荣誉奖 74 枚、奖词奖 227 枚,在 31 个参展国中名列首位②(见图 3-3)。如此丰硕的成果在美国华人最多的旧金山引起轰动,现场驻点的媒体也迅速地将喜讯和盛况传回中国,进而引发了中国国内更加高涨的"博览会热"。从另一个角度来分析,授奖引发的"博览会热"也充分印证了美国在展会奖项制度上产生了预期的激励效果,有利于它日后扩大同中国的经贸往来。

再次,从奖项真正所发挥的激励作用来衡量,丰硕的获奖成果确实如美国预想般极大地鼓舞了中国加速工业化和开放市场、奖励实业的国民信心。由于中国的展品获奖颇丰备受瞩目,"博览会当年,纽约、旧金山等地银行、贸易行、大公司、丝厂等纷纷来中国考察商品的生产情况,组织货源,准备销往欧洲。仅1915 年中国对美国出口较头一年增加 6 000 万美元。"③时任民国农商部长的张謇归国后在《中国新实业之一斑》一书中论述道:"中国现今的状况对工业发展来说的确不如意,但是可喜的是我们已经踏出了第一步,正如大企业皆由小

---

① 上海市老科学技术工作者协会.走近世博会[M].上海:上海科学技术文献出版社,2007:70.
② 中国最具代表性的酒类金奖有 5 项,茅台获世界名酒殊荣,从此一步步走上"国酒"的巅峰;张裕葡萄酒也荣获金质奖章和最优质奖状;此外还包括:天津永利碱厂的"红三角"牌纯碱,上海吴蕴初研发的"天厨味精"也获得金奖;而传统展品方面,上海"葛德和"陶器、美华纽插屏钟、北京鼻烟壶、安徽胡开文地球墨、浙江湖笔、温州乐清黄杨木雕、青田石雕、常州梳篦、湖南菊花石也夺得金银奖多项。
③ 俞力.历史的回眸:中国参加世博会的故事[M].上海:东方出版中心,2009:62+28.

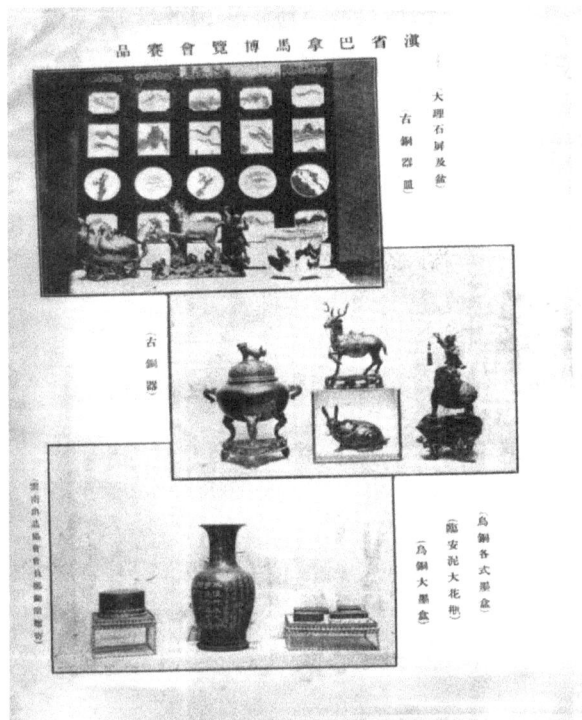

图 3-3　有关巴拿马世博会上中国特色展品的图文报道

做起一样,但我们没有理由不相信在不久的将来,中国会大步踏进现代工业国家之列。"

由此可见,美国将展会奖项作为一种制度激励式的话语工具,实现了预期的劝服效果和规训意图,即希望中国加快工业化改革,扩大对美国工业制成品的市场需求等目标:"一时间,美国商界来华'淘金'成了时尚,太平洋西海岸的大城市企业银行等如密尔沃基的公司与银行、纽约的伊戈尔丝厂、维戈摩的世界贸易所纷纷派出代表,来华组织分行或分驻中国各埠头。"[①]这一目标的设定与美国当时的对外经贸扩张战略高度一致:"一战前,旧金山在西部沿岸城市对外贸易中居支配地位,主要与夏威夷、日本、中国等"[②],最终,随着巴拿马世博会的成功举办,"旧金山与世界的往来更加频繁,加强了旧金山的国际影响力,

---

① 　王勇则.图说 1915 巴拿马赛会光耀世博会的中国篇章[M].上海:上海远东出版社,2010:311-312.
② 　王旭.美国西海岸大城市研究[M].长春:东北师范大学出版社,1994:84.

越来越多的人涌入这个城市,第三产业比重也因此上升,此外,品牌管理、金融保险、通信、房产、医疗等行业也逐渐繁荣。"①巴拿马世博会也因此实现了拉动城市发展、提振区域产业辐射能力的经济功能。

---

① 王旭.美国西海岸大城市研究[M].长春:东北师范大学出版社,1994:84.

第四章 沟通特征与机制：
以国际展览为载体推动经济中心转移

从前述梳理 20 世纪初美国成功举办世博会的历史表征及其现实效用，可以归纳国际展览活动具有适合国际沟通的优势：一是沟通目标上，美国 20 世纪之初遭遇"崛起困境"时[①]，它充分运用了世博会这一当时屈指可数的国际和平交往平台，以高度开放、具体可感的国家身份展示及其倡导的和平发展主题，缓解国际敌意和疑虑，发挥世博会的对外传播优势，为建构友好、开放的国家形象服务；二是沟通效用上，借助世博会搭建的对话平台，在美国当时最具竞争优势的国际经贸领域，展示其强大的产业实力和创新能力，赢得国际认同，为美国引领未来产业革命、推进争霸目标服务。

总体上看，美国的世博外交之所以能够获得成功，除了依托自身强大的国力基础，还源于对国际展览组织、交流功能的深刻理解及其具体的话语实践过程，也充分印证了展示符号的独特功能和沟通效果。

一、核心目标与沟通机制：世博话语工具的有效性

（一）世博会使用具象的符号、精选的高质量展品来吸引与会者的沟通兴趣

世博会上的奇观式展演是最典型的一种话语形式，无论是巴拿马世博会上备受瞩目的人类首次飞行表演、赛车竞技或好莱坞电影短片公映，还是圣路易

---

① 崛起困境是指随着崛起国实力的迅速增长，该国对外部世界影响所产生的反弹力度在不断增大，其面临的国际体系压力也迅速上升。转引自：阎学通，杨原.国际关系分析[M].2 版.北京：北京大学出版社，2013：20.

斯世博会上广受欢迎的游乐场、美式快餐或矿产馆内工人开矿、生产石油的庞大实景,都以科技和娱乐相结合的形式调动观众原始的好奇欲,也有效传递了美国强大的工业生产实力和科技创新能力,具象的展品符号成为服务于权力建构的话语工具,为美国取代欧洲、推动经济科技霸权的转移提供竞争资源和动力。

(二) 世博会用仪式化的展演现场营造和平发展、利益共享的沟通情境

沟通情境的营造通常须借助文化手段和符号载体来搭建,国际展览则用世博会的活动主题宣扬了一种倡导世界多元文明和平共处、济济一堂的理想化愿景,并通过宏大的园区和雄伟的展馆、珍奇的亭台楼阁建构起一个巨大的符号象征系统;这些具象的话语符号对应着生成传播空间的诸多要素及其叙事功能,将一个理想中的人类世界微缩到面积不超过 10 平方公里的园区内,向外界传递着共建美好"地球村"的美好愿景。正如美国学者所言:"对早期世界博览会的描绘也体现出其对文化特殊性话语的依赖——我将其称为文化拼图的世界。世博会通过展示单个国家的文化,在场所和文化之间建立起紧密的同源关系。"可见,世博会是将参展国的文化场景"异地"再造的一个展示舞台,其展示与传播表征了哈罗德·英尼斯与安东尼·吉登斯所言的文化传播的"时空离距"(space-time distanciation)现象:"一个象征形式的传播在某种程度上使得这种形式与它原先产生的背景分离开来已在空间上和时间上与其原初背景分离,被赋予了一种存在于不同时间与地点的新背景。"[①]与此同时,参会各国及观众也在展会期间进入一种非日常生活状态的仪式阈限之中,在设定好的传播情境中共享着具有价值倾向性的文化内涵。人们正是在世博会的集聚、观赏、交流过程中被置于一个展品话语所建构的文化场域内,进而发挥出国际展览现场式、强效化的传播时空优势。

(三) 世博会在国家沟通机制上发挥话语的本质功能:形象展示与权力竞争

权力发挥作用除了以占有物质财富或文化影响力等软硬资源为基础,还受到沟通方式、技术层面的策略运用等因素影响;在对话和认知过程中,福柯将所

---

① [美]约翰·B.汤普森.意识形态与现代文化[M].高铦,等译.南京:译林出版社,2005:15.

使用的话语也视为功能意义上的一种战略资源：服务于权力意图的话语效用，并不全由表述者自身的力量所确定，也取决于社会关系网络结构中言语交流所产生的影响力。例如，就国家与个人之间的控制与被控制关系而言，美国学者史蒂芬·康恩分析了美国19世纪下半叶兴起的国内博览会热，认为博览会的展品以知识话语的形式承担了塑造知识权威的权力目标："晚期维多利亚时代的人们将物品看作是智识与含义的载体，很多知识分子将博物馆看成是创造和整理知识的主要场所。博物馆正是通过知识分类的具体化来获得权力的。福柯的中心观点之一就在于，关于人类经验和知识的任何分类都无法代表那些自然的、本质的、永恒的真理。按照福柯式的理解，人类对世界的了解可以被细分成无数个不同的类别，而博物馆的任务之一就是说服参观者们相信它们所采用的分类方法是'正确的'，即是完全能够代表关于这个世界的不言自明的真理的。这么看来，博物馆声称自己是代表知识的权威也就带上了不确定的色彩，是受社会环境影响的层式结构的产物。"[①]同理，在国家竞争层面，世博会上以具象化的沟通符号将参展国形象呈现在观众乃至世界面前，这种在同一文化场域内的亮相并相互比较，具有浓厚的竞争意味，实则代表了一种争夺国际话语权的文化隐喻。虽然它主要发生在世博会所侧重的科技、文化与经济领域，但最终也指向了国际关系结构中的国家地位和国际影响力。

二、话语功能系统：侧重建构形象助力经济霸权

（一）世博会展示亮点的符号所指：引领时代前沿的产业发展与创新能力

1. 源于美国产业经济结构的升级：现代工业化生产与生活模式的示范

世博会上最吸引观众目光也常被后人记忆的亮点展品绝大部分都是欧美工业革命后的近现代工业化制成品，以及代表最前沿科技水平的创新成果。"一切始于世博会"是对于历届博览会都力求尽可能地汇聚全人类智慧成果和最新科技发明的一种准确概括。而美国在20世纪初主办两届世博会时是工业

---

① ［美］史蒂芬·康恩.博物馆与美国的智识生活（1876—1926）［M］.王宇田，译.上海：上海三联书店，2012：11.

发展最快、工业化程度最高的国家：1870—1913 年美国的国内生产总值（GDP）增长率年均为 4.1％，人均为 2％；产值中的大部分增长来自工业，这 43 年中美国工业增长了 8.1 倍，年均增长约为 4.5％①。高速增长的工业不仅为美国生产部门和民众生活提供了丰富的资源和财富，也推动了美国的城市化建设以及生产生活方式的转型升级，使之率先完成了第二次工业革命并进入到大众消费社会。这些引领时代发展的进步性反映在世博会当中，则汇聚在展现"美国式"繁荣及其现代生活理念的文化主题之下。

例如在 1904 年圣路易斯世博会园区内，有着庞大穹顶、贴满金色叶片的庆典宫被设置为举办开闭幕式的世博园区焦点，体现了美国强烈的文化自信和向欧洲贵族文化发起挑战的隐喻；展馆内世界最大尺寸的管风琴、刻意选择出自女性雕塑家、演奏师之手的设计和表演，都是意在强调美国领先世界的一种话语符号；还有上演家居时尚秀的综合工业馆，力求以精良细致的家具、装饰、珠宝等 34 类艺术品设计，来迎合中产阶级不断升级的生活品质和文化消费需求，也具有颇高人气、观众人满为患。加上本届世博会大受欢迎的汉堡"热狗"（Hot dog）、蛋筒冰激凌等美式快餐，借助世博会风行全球，也反映出美国率先进入大众消费时代后，开始引领世界生产、生活方式的潮流。可见，无论是面向日益庞大的富裕中产阶层、以购物为主题的生产馆，还是提升美国文化品位、奢华精美的庆典宫，都是建立在丰富的物质财富基础之上、彰显文化生产与消费升级的巨大象征符号。因此，张敏教授认为："圣路易斯世博会被看作是'美国现代生活新纪元'，是美国现代生活的一座里程碑，其标志是航空时代、电子时代、汽车时代和快餐时代的到来。"②

而 1915 年巴拿马世博会上则进一步突出了美国"进步时代"在工业生产、科技创新方面的发展成就与超凡实力。"进步主义"时代通常被认为是从 19 世

① A. MADDISON. Phases of capitalistic development［M］. Oxford：Oxford University Press，1982：45；73.

② 包苏珊，张敏. 大国崛起的盛典：当下视野中的美国 1904 年圣路易斯世博会［J］. 上海大学学报（社会科学版），2011（2）：119 - 130.

纪末到美国参加一战之前的 1917 年①，这一时期美国以领导电力革命和产业结构转型升级为显著标志，迈入大工业化生产时代和垄断资本主义发展阶段。巴拿马世博会开幕式上威尔逊总统按下电钮，从华盛顿发出了开启博览会大门的信号，"也正是这一按，通用公司负责照明的灯光照亮了全场，预示着电能不知不觉在人类生活中已占据了主要位置。"②这种现代技术的"奇观式"展演不仅为世博会揭幕，也充分彰显了美国成为开启人类电力时代的第二次工业革命领导者形象。电力及其应用设备改变了美国人的生产、生活方式，至此也成为世界民众的新向往，正如一位在 1900 年访问美国的英国人写道的："在美国的生活是一年四季都旋转在电话、电报、留声机、电铃、汽车、电梯和各种自动化机械中……到 1910 年时，美国的家庭已经开始使用各种极大地改进生活质量的商品，例如电扇、洗衣机、空调清洗机、洗碗机、加热器等。"③这些电气化、现代化成果都为美国提供了充足的世博会展示符号和争夺经济霸权的话语资源。无论是世博会的重点展品——汽车工业与制造业展馆、重点展示项目——以汽车流水线生产流程为代表的"福特制"④，还是机械工业馆里则展示的"所有现在美国重型机械的奇迹：机床、石油发动机、客运和货运电梯、印刷机、蓄电池和保险柜"⑤，或是交通馆、采矿冶金馆搭建的美国汽油机、空气机、电机等最先进工业设备的展示舞台，都成为美国工业文明达到人类顶峰的最有代表性的具象符号，这些展品符号被汇聚起来向世界观众生动地塑造了一个现代化工业制造

---

① 以 1917 年为分界的代表学者及著作包括：艾伦布林克利(Alan Brinkley).美国史邵旭东译，海口：海南出版社；Lewis L. Gould 在著作 The Progressive Era 中将进步时代界定为从 19 世纪 90 年代的经济危机末开始至第一次世界大战结束的这段时期；David A. Shannon 在著作 Twentieth Century America(Volume 1 The Progressive Era)中将对进步时代的考察定位在 1900 年至 1917 年，而国内学者王绍光在著作《美国进步时代的启示》中，将研究时段设定在 1880 年至 1920 年。虽然存在具体年份差异，但对这一时期美国发展主线的看法是一致的：从 19 世纪末到美国正式参加第一次世界大战为止。

② 周秀琴，李近明，刘守柔.世博会简史[M].上海：上海教育出版社，2010：83.

③ DINNER STEVEN J. A very difference age：Americans of the progressive era[M].New York：A Division of Farrar Straus and Girous，1998：1 - 2.

④ "福特制"的标准化程度较"泰勒制"更进一步，大力推广产品标准化、零件规格化、工厂专业化、作业固定化和机器及工具专门化等。"福特制"的推行大大提高了生产效率，把生产成本降低到最低限度。

⑤ DR. WILLIAM LIPSKY. Images of America：San Francisco's Panama-Pacific international exposition [M].Charleston，South Carolina：Arcadia Publishing，2005.

强国的形象①,同时也为美国的工业产品输出搭建了一个绝佳的推销平台②。

2. 美国城市化建设的象征隐喻:两届世博会选址于西部城市的成就展示

美国将两届世博会举办地最终设在"西进运动的桥头堡"——圣路易斯以及西部开发中"淘金热的"中心——旧金山,意在歌颂其建国以来的开拓进取精神,尤其是"进步时代"以来建立的繁荣与自信;当然世博会选址也有推动城市化建设之意:因为世博会举办地的城市本身就被浓缩为象征美国精神和国家形象的一个巨大符号,利用这一万国来朝的难得机遇,为其对外传播目标服务,其背后依托的是美国西部开发与城市建设的巨大成就。

召开巴拿马世博会前 5 年,即 1910 年,美国西部的工业产值就已远超农业,工业开发因此成为西部开发的主力,带动了整个西部地区从农业向工业为主的产业结构转变。例如 1860 至 1913 年,美国西部的纺织业增长了约 6 倍,钢铁工业和煤炭工业增长了几十倍;依托煤、铁、纺织等专业性产业的中西部小型城市迅速崛起,旧金山、圣路易斯等原有城市也从资源型、商贸型城市向大机器工业为基础的工业化城市转型,从而使美国的工业重心从东北部转移到了中西部地区,最终完成了美国的全面工业化③。其中,圣路易斯在当时拥有美国密苏里州和整个密西西比河谷地区最多的人口,也是当地的经贸、运输、制造业以及文化教育的中心城市,被视为吸引大批美国移民并进一步向西开拓的"桥头堡",至今还树立着美国的三大地标之一、命名为"西进之门"的巨大金属拱门;而以旧金山为代表的"采矿业在 19 世纪美国整个西部开发中是极为壮观的一幕,而它的开始源于加利福尼亚的淘金热,⋯⋯可以说采矿业促成了西海岸城市化的第一轮高潮"④。而第二轮西部开发则是这些中西部城市随着资源日益枯竭、采矿业日渐凋零,逐渐转移到制造业上,并使之成为美国对外贸易的主力:"在整个 20 世纪里,美国的对外贸易格局在发生巨大变化之前保持了几十

---

① 美国 1900 年在世界制造业中所占比例为 23.6%,就已成为制造业第一大国。转引自:保罗·肯尼迪.大国的兴衰[M].陈景彪,译. 北京:中国经济出版社,1989:294 - 295.

② 到 1913 年其在世界贸易中的份额达到 11%,成为全球最大的贸易国。转引自:阿瑟·林克,威廉·卡顿.1900 年以来的美国史(上)[M].刘绪贻,等译.北京:中国社会科学出版社,1983:43.

③ 王旭.美国西海岸大城市研究[M].长春:东北师范大学出版社,1994:8.

④ 王旭.美国西海岸大城市研究[M].长春:东北师范大学出版社,1994:8.

年,到 1930 年,制造业产品仍占到美国总出口产品的一半。"①在中西部迅速增长的制造业推动下,美国尤其在"19 世纪 70 年代到 20 世纪初,工业化和城市化进入鼎盛阶段"②,城市化建设也取得了巨大成就:"短短的几十年间,在美国西部涌现出一大批世界文明的工业中心城市,如芝加哥、洛杉矶、西雅图、圣迭戈、底特律、旧金山等,这些城市在美国经济中扮演着举足轻重的地位。"③其中,两座世博会举办地正是诠释美国"西进运动"背景下经济崛起史和城市建设史的典型缩影,也实现了美国意在发挥会展经济的投资拉动效应和对外传播的窗口效应。

(二) 世博会园区内营造的竞争规则与传播语境：大国博弈与利益共享

1. 大国博弈的和平竞技场：世博会创办主旨的延续与规则建构

世博会诞生于 1851 年,此时正值欧洲第一次工业革命(18 世纪 60 年代—19 世纪中期)基本完成、第二次工业革命刚刚开启(19 世纪 40 年代)之际;随着资本主义世界市场体系的加速扩张,崇尚现代科学理念与文化理性的人本主义思想也在西方蔓延并成为普遍共识;国家意识、民族意识也随着经济和社会生活日益紧密的联系、城市化进程的加快而日渐高涨。因此,在经济、政治、科技、文化、制度等各方面因素的剧烈变革与推动下,西方社会已经进入了工业化国家群雄并起、国际竞争日益激烈的"战国时代"。无论是国家层面还是社会民众都需要适应一种新的文化氛围,调整或制定一些新的国际规则和生存方式来应对全球化的时代挑战。

世博会正是在这种时代变革的需求中应运而生的,它以涵盖人类智慧文化所有领域的成果作为展示与会国形象和实力的话语,围绕着和平与发展的主题,在相互交流、学习、竞技中追逐人类发展利益共享的目标。对每个国家和城市来说,通过参与或举办世博会而进入折射人类智慧光华的成果汇聚之地,无疑是一种荣耀,更表明了本国能够适应国际游戏新规则的一种态度,与会国在世博园区内被置于一种知识话语主导的文化场域,寻求建构友好开放的国际形

---

① ［美］斯坦利·L.恩格尔曼,罗伯特·E.高尔曼,剑桥美国经济史第三卷[M].高德步,王钰,译.北京:中国人民大学出版社,2008.

② 王旭.美国西海岸大城市研究[M].长春:东北师范大学出版社,1994:8.

③ 杨研.美国西部的开发的历程和启迪(上)[J].发展月刊,2000(06):5.

象乃至提升国家地位,首先都是基于对世博会设定的和平竞赛规则的认可。英国最初邀请世界各国来参加博览会的动机恰恰因为具有这样的宏观战略意识使然,正如维多利亚女王在首届世博会开幕仪式上的致辞所言:"……祝祷此次盛会能增进吾国人民之福祉与全体人群之利益;能激发和平与工业的巧艺;能凝聚世界各国间的关系……更能将仁慈上帝所赋予人的禀赋用于友爱与高尚的竞争,以促进全体人类的美善与幸福。"①从创办者的宣言中可以清晰地了解:世博会创办伊始就致力于建立新的国际交往规则和一定的利益共享机制来培育国际社会的成长。而美国正是基于学习、适应欧洲倡导的国际交往新逻辑,接过了积极办博的接力棒,成为迄今举办次数最多的国家,与欧洲传统列强在世博园区内的和平竞技场上展开国力较量:英国举办首届世界博览会时,美国就派出了 5 048 位庞大的美国企业家团体参会,占到参展商总数的近 1/3,其展品特别是农场设备,让英国人也不得不承认更为先进②;有学者比较了 19 世纪下半叶美国国内同期兴建商业博物馆的热潮:"一方面,其创办者希望能借助这些展览使公众相信将美国商业拓展到海外是完全可能的;另一方面,它也为美国的商人提供服务,为他们提供与欧洲同行在外国市场竞争中所需的信息和建议……从这个意义上讲,博物馆(或世博会)在关于美国帝国主义的争辩中扮演了相当重要的角色。"③(Steven Conn,2012)

由此可见,基于对这种国际交往规则的认同,和平与发展的主题一直鲜明地体现在历届世博会中,构成了各国沟通所处的文化语境。科技创新和工业生产等内容成为世博会上通行的知识话语,即使一战初期欧洲战火纷飞的背景下,巴拿马世博会上各参展国也致力于共同守护这一国际平台的和平竞争规则。例如 1915 年在旧金山的世博园区,"在欧洲战场上拼杀的大国正通过他们最激烈和最进取的商业机构和公司参加博览会。法国、德国和英国正在这里打一场商战,积极地在世博会这个领域战斗着。"④"赛会时有万国所派之大队兵

---

① Illustrated London News[N].VOL.XVIII,NO.481,1851‐5‐3:349.
② 罗靖.近现代中国与世博会[D].长沙:湖南师范大学,2009.
③ [美]史蒂芬·康恩.博物馆与美国的智识生活 1876—1926[M].王宇田,译.上海:上海三联书店,2012:28.
④ IRAE BENNETT.What is the Panama Fair doing for business[J]. Nation's business,1986(05):8.

船经由巴拿马河面而来，又有飞船队从会场起飞遍全球，此皆赛会时之特色"①，另一方面园区内也隐现着敌对国之间相互展示军力和工业实力的竞争态势："海军和陆军整日在赛场上巡逻，军舰也在码头游弋，战火硝烟的味道也出现在会场里。"②但从总体上看，园区内氛围更浓的仍是美国主导下对"进步时代"发展成就的赞颂主题，由琳琅满目的新奇展品和各个宏伟展馆所构筑的"地球村"，以及那些象征人类迈入电力时代的科技展演奇观，更加引人注目并将长久地为世界所铭记。

2. 沟通主题的议程设置与价值导向：倡导人类文明发展的利益共享

世博期间集中召开的各类专业性组织会议也进一步强化了促进人类文明交往、服务全球化的主题导向，通过会展传播的议程设置功能，更加明晰地呈现了其国际沟通主旨。例如1904年圣路易斯世博会期间召开的"科学和艺术"大会就是一次国际专家云集的重要专题会议。大会强调以人为中心的哲学反思，分别按"地球的人""生产的人""经济的人"设置分类专题③，探讨现代科学发展与多元文明共存的关系，充分反映出世博会一直倡导的多元、开放的文化传播主旨。近代就有国人详细记载了期间召开的各类专题性学术会议："博览会期间召开各种会议：五月十五日至二十一日为万国新闻记者会议、五月十九日至二十四日为妇人总会同盟会议、六月二十七日至七月初六日为国内教育会议、八月二十九日至九月初五日为第四回万国齿术科会议、九月十二日至十七日为第五回万国电气会议、九月十九日至二十五日为技艺及科学会议、九月二十五日至二十八日为万国律师及法律学会议、十月初三日至初六日为万国机械会议，还有万国运输会议。"这些众多国际组织机构的专题会议，反映出世博主办方力图通过议程设置的方法来塑造美国重视科技文化交流的文明国家形象，也有将自身打造成国际科技文化沟通的中心论坛等战略意图，并以此强化向世界分享创新成果、鼓励发展利益共享的世博会精神。

而到1915年巴拿马博览会期间，美国组织举办的国际会议数量进一步增加："在会场上来自世界各地的著名团体共举办了822场会议，参会的团体总数

① 巴拿马河成纪念大赛会第三次宣言[N].申报,1914(4):26.
② 罗靖.中国的世博会历程[M].长沙:湖南师范大学出版社,2009:135.
③ 宋超.世博读本[M].上海:上海科学技术文献出版社,2008:35.

接近3 000个。"①众多的学术团体或非政府组织机构汇聚了世界各地的不同声音,人们在相互学习、交流、研讨中营造了一种"百家争鸣"的文化传播氛围,展览与会议结合的世博沟通形式本身也十分有助于多元思想的碰撞和提升知识生产效率。此外,会议组织安排的主题也丰富而有序,体现了世博会主办者的议程设置技巧:"四月份集中研究卫生状况,五月集中探讨社会、宗教和慈善事业,七月又把主题定为教育,九月分析工程,十月又把话题放在了保险业,于是各种主题的探讨被冠以各种大会之名,如'万国教育大会''工程大会''医学大会''和平大会''新闻联合会议''农业大会'等。涉及的领域涵盖农业、自然科学、历史学、社会学、商学、工学、政治学和哲学等多个领域。"②从会展组织的技巧角度来讲,通过阶段性的会议议题导向,使与会者能够相对集中地展开研讨,同时也大幅降低了组织者的接待成本、提高了组展效率。

(三)世博会组展能力背后的权力隐喻:彰显大国实力、助推霸权转移

1. 举办世博会的权力象征与条件分析:美国组展能力的国际挑战

"权力"一词的界定角度不同,众说纷纭。1970年,丹尼斯·沙列文列举出17种典型的关于权力的定义③。权力不同于实力的概念,而被福柯理解为"主要是一种力量关系"④,在汉语中通常指政治影响力;汉斯·摩根索也认为:权力"不是指人驾驭自然的力量,……而是指人支配他人的意志和行为的力量"⑤。从国家、社会的层面来看,尼古拉·斯巴克曼认为:权力是一切文明生活最终赖以生存的基础,是说服、收买、交换和胁迫等手段,在国际政治中就是一个国家对其他国家的控制;由此推论,在国际关系的互动过程中,一方按照另一方的指示或影响力采取立场或行动,就表征为控制者相对被控制者行使权力的过程。

从这个意义上分析,世博会作为国际沟通行为,实质上也是一种主办方通过国际互动来施展权力影响的方式。那么,参展国为响应主办国的号召来组

---

① 罗靖.中国的世博会历程[M].长沙:湖南师范大学出版社,2009:134.

② 罗靖.中国的世博会历程[M].长沙:湖南师范大学出版社,2009:135.

③ B.ENNIS SULIIVAN.The perceptions of national power[J].Journal of conflict resolution,1970(9).

④ 莫伟民.莫伟民讲福柯[M].北京:北京大学出版社,2005:32.

⑤ [美]汉斯·摩根索.国家间政治:权力斗争与和平[M].徐昕,等译.北京:北京大学出版社,2006:37.

织、筹备展览,按照主办国设定的主题和议程进行沟通,恰恰反映出主办国行使国际权力的过程。主办国和参展国基于互动需求进行会展沟通过程也指向了增进了解、建构关系、分享利益等目标。但之所以选择通过国际展览的形式、以世博会为载体展开互动,并非自然而为,需要背后一系列的制度设计、大量的资源投入,并依赖于国家之间对会展交往规则的理解与遵从,各参展国对主办方国际影响力的认可等行动前提,才能最终促成会展沟通的现实行动。因此,国际会展的组织过程除了需要主办国投入大量人力、物力、财力,负担组织这项长周期、高投入的大型活动成本,克服对组织能力的巨大考验,更具挑战性的难题还在于:作为受邀请国、响应者是否能以积极的态度和协调一致的行动来配合筹展、办展工作;而这需要主办国与参展国围绕举办世博会进行各种展前沟通、展中协调,实则在展会召开之前就已开始了国际交往,对会展主办国的最大考验在于能否借会展沟通实现提升国际号召力、增强对国际关系的影响力等目标。

因此,在国际会展组织方面,英国作为世博会的发起国和当时的霸权国,邀请各国前来参展,组织难度相对较小。法国也是多次世博会的主办者,利用地处欧洲大陆的便利,以及在传统欧洲国际体系中的核心地位,发出世博会邀请后获得积极响应也相对容易。但美国在组织或参加国际会展活动上相比欧洲列强有较明显的先天劣势。如前文所述,由于它地处大西洋"孤岛"的美洲大陆,远离国际交流活动最为密集、频繁的欧洲或列强争霸的权力中心地带,这就使美国自身需要有足够的办展实力和利益诱导才能吸引列强前来参展。美国20世纪初登国际舞台之际,因长期秉持孤立主义政策,在组织展会活动所需的国际号召力上自然相对薄弱;同时,它远赴近代国际展览活动的中心和热点地区——欧洲,在参展交通、物流成本上都比较高,这些不利因素决定了美国倾向于自主举办各类国际展览活动,与欧洲列强相比,须投入更多努力、以更多的利益诱导,才能克服不利国际交往的阻碍因素,吸引各国关注,实现提升国际影响力的目标。当然,这种逆境也催生了美国更强烈的办展诉求和走出国门的渴望。

基于约瑟夫·奈对软权力和硬权力的概念区分①,软权力更多表现为一种"吸引力、间接能力或组织能力"②,因此,本书将主办世博会为代表的国际会展组织能力划归为一种国家的软权力范畴,即主办国想要确立它所设定的会展交往规则、传播文化意图、建构和巩固国际关系等办展目标,不仅要调动各种产业资源吸引与会对象的响应与互动,提升办展吸引力;还要运用政治影响力、汇聚科技文化等非物质资源,利用会展组织规则建立一种设定好的互动模式,才能开拓并巩固会展沟通想要建构的一种利益关系,从而真正提升在国际关系框架中的话语权和影响力。这种分析更有力地解释了美国不惜成本、积极办展的核心动因,即出于大国崛起的战略需求,利用国际展会谋求长期的权力收益。具体可分为直接收益和间接收益两种:从直接效益来看,会展交往往往是为获取物质形态的财富或资源,寻求技术形态的先进科技创新成果等;从间接效益看,则是为了学习、理解非物质形态的文化理念、制度创新成果等为教化民众、理顺社会生产关系服务;而从更宏观的长远收益来看,则体现为会展有利于提升主办国、参与国的国际地位,例如使美国从原本的权力边缘地带逐渐向资源、财富集中的权力中心地带迁移。因此,会展的积极主办方往往具备更强的改变既有国际关系结构的能力,或在关系结构中攀升国际地位的能力。从上述分析可见,美国成为国际会展的积极行动者,并投入巨大成本的意图在于,希望借办博来推动欧美间的霸权转移。因此我们可将国际会展组织能力纳入一项国际权力的范畴:以主办者或参与者身份进行的会展组织、筹备、沟通过程,反映了它们在软硬实力资源上的综合调动能力,筹备、策划和运作能力,以及从会展交往过程中获取实际收益、服务于增加自身财富、资源、话语权的转化能力。

2. 组织会展的权力目标:基于英美经济实力、引领世界发展能力的逆转

宏观经济学理论认为,国家的规模和体量是衡量一国国际地位和影响力的重要指标,因为规模本身就是优势,国家对资源聚集和产业分工的效应必须建立在一定的经济规模基础上;而当一个国家体量达到一定程度后,其资源吸引

---

① 硬实力主要是指在调动政治、经济、军事等资源方面的能力,软实力更多是指的文化、国际关系、价值理念方面的影响力。

② JOSEPH S. NYE. The paradox of American power:why the world's only superpower can't go it alone[M].New York:Oxford University Press,2002:5‐12;JOSEPH S. NYE. Soft power:the means to success in world politics [M].New York:Public Affairs,2004:1‐33.

和配置能力、人才聚集能力、话语权就会呈指数级增长，这时大国与小国间发展方式的区别并非数量增幅的大小，而是质的升级。大国在国际体系结构中国际影响力和话语权的迅速提升就是最典型的表现：一个经济强国不单单意味着拥有庞大的产业规模和财富资源，更重要的是拥有强有力的国际资源配置能力，在国际利益关系的网络结构中居于中心地位，能够制定交往规则、掌握影响他国行为的话语，这种力量可以帮助强国在激烈的全球竞争中赢得更多的财富、投资、经贸关系与人才资源。从该标准来衡量，19世纪70年代美国开始成为工业第一大国后，愈发重视利用会展活动加速其集聚各类财富、人力和关系资源的进程，希望借机将强大产业和资本输出能力辐射全球，实现国力发展模式的转型升级（见表4-1）。

表4-1　1871—1918年欧美主要国家GDP[①]按1990年美元币值计算（单位：亿美元）

年份	美国	英国	德国	法国
1872	1 063.60	1 057.95	766.58	783.13
1890	2 147.14	1 502.69	1 155.81	950.74
1898	2 788.69	1 787.96	1 502.31	1 116. 90
1913	5 173.83	2 246.18	2 373.32	1 444.89
1918	5 939.56	2 542.68	1 946.12	923.28

从表中可见，美国早在1872年国内生产总值（GDP）就已超过英国，成为第一工业强国，19世纪末期在人口、疆域、经济总量三大指标上已经崛起为具有争霸世界实力的经济"大国"：1890年，美国人口从1790年的400万增至6 300万；领土面积从90万平方英里增至360万平方英里[②]；1898年经济总量远超英、德、法欧洲列强；而到1918年，美国GDP比排名之后的英、德、法三国总和还多。对应数据上英美经济与科技实力迅速消长的趋势，两者作为两次工业革命领导者之间的更替与博弈高潮正是发生在20世纪上半叶，其霸权转移背后

① AUGUS MADDISON. The world economy，Vol. 2，historical statistics[M]. Paris：Development Centre of the Organization for Economic Cooperation and Development，2006；426－427；462－463.

② JOHN C.CHALBERG. Isolation.ism：opposing viezvpoin.ts，San Diega[M]. California：Greenhaven Press，1995；29.

不仅反映的是美欧之间国力的变化,更隐含着引领人类进步的力量消长过程,这种权力的转移首先要美国获得相对于英国乃至欧洲传统列强的力量优势和国力基础作为支撑:例如"1860 年,美国工业生产占世界工业生产的第 4 位,1894 年已经跃居第 1 位,产量等于欧洲各国生产总量的一半"[①];"1890 年美国的钢产量达到了 930 万吨,超过了英国和德国,居世界第一;到了 1900 年,美国的钢产量达到 1 030 万吨,几乎相当于英国的一倍。1900 年美国占世界制造业产量的相对份额达到了 23.6%,超过了英国的 18.5%,成为世界第一。"[②]总的来说,美国以庞大的工业生产能力和顶尖的科技创新水平率先完成了第二次工业革命,实现了以机器大工业生产为主的工业化,由此进一步推动了外贸和投资的增长:"1897 年以后美国的出口大大超过进口,每年约有 5 亿美元的顺差"[③],"1900 年,美国输出了 5 亿美元的资本。"[④]20 世纪初基本完成第二次工业革命的美国就已超越英、法、德、日,成为世界第一经济强国,同时也为美国获取强大的组展能力提供了用于国际沟通、交流的丰富话语资源。

其次,美国需要将这种实力上的优势通过组织国际会展活动现实地转化为一种国际认可度和组织号召力。因此,1870 年美国 GDP 超越英国后,接连在费城(1876)、芝加哥(1893)、圣路易斯(1904)、旧金山(1915)举办了四届世博会。每隔十余年组织一次大型国际会展活动恰恰反映出了美国在会展组织和资源调配方面的实力基础,也顺应了国内工商企业集团希望走出海外、加快全球扩张、与欧洲争霸的战略意图;世博会上琳琅满目的各类工业产品彰显了其领导第二次工业革命以来的卓越发展成就,也表明了美国旨在将全球利益交往的重心逐渐转移至美洲大陆的信心。

最后,从更为宏观的霸权转移视角来审视,我们可以看出英国对会展沟通活动的积极性和话语权相对下降,而美国办展的积极态度和国际影响力逐步上升,这也符合了 20 世纪上半叶英美之间国际霸权地位消长的大趋势,是美国大国崛起的一个重要表征。大国崛起理论中认为,崛起是指新兴大国的实力赶超世界最强国并改变国际格局的现象。而举办国际会展的活跃度折射出一国的

---

① 刘绪贻,杨生茂.美国通史(第四卷)[M].北京:人民出版社,2002:25.
② [美]保罗·肯尼迪大国的兴衰[M].陈景彪,等译.北京:国际文化出版公司,2006:194.
③ 刘绪贻,杨生茂.美国通史(第四卷)[M].北京:人民出版社,2002:26.
④ 黄绍湘.美国通史简编[M].北京:人民出版社,1979:364-369.

国际地位及其推动国际关系结构的变迁问题，呼应了国际关系学界称为"世界中心转移"的学术焦点问题：该问题关注了 16 世纪初期的地理大发现及其带来的欧洲殖民扩张政策，不仅培育了全球性国际体系的形成，还出现了该体系中的核心国家不断变更的现象，"荷兰、西班牙、土耳其、法国、英国、美国都曾作为世界上最强大的国家主导着国际事务。"①而最终霸权国逐渐从欧洲转移到美国的重要动因是源于第二次工业革命中美国创造了大量的工业产出和物质财富，这些财富不仅是美国工业化的成果，还进一步产生溢出效应并吸引了全球资源向美国的聚集乃至国际利益交往重心的调整，最终促成了以欧美为中心的"资本主义核心区域"形成②。而在资本主义核心区域的生成过程中，既有区域总体体量上的扩大，也有区域内部重心的迁移；导致美国取代前任霸权国成为新的权力中心和最大赢家。"海域将欧洲的能量从内陆吸引到西海岸……最后将海军和殖民权势集中于欧洲西岸外的（英伦）海岛。现在从该岛屿出发的权势转移开始了。正如注满喷泉底盘的水溢入下一个底盘那样，权势现在从该岛进一步跨过大洋。"③因此我们说，美国借助组织国际会展活动既有整体上对外输出资本和产能的目标，也有在区域内部谋求财富和国际关系重心转移的战略意图。

但该策略之所以能够成功，与欧洲诸多参展国尤其是英国的认同与合作有重大关系。世博会之所以被美国塑造成一个与既有霸权国、各大强权国、重要利益攸关方增进经贸往来、加深理解与互信、寻求国际认同的重要机遇和沟通平台，得益于 20 世纪初它的有限地区扩张和以经贸为主的崛起路径。美国在该阶段的利益纠葛中能够避免陷入与传统列强的激烈对抗局势，与英美和解有很大关联。因为，新旧霸权国妥协的主要动力来自体系层次，美国走了一条差异化竞争之路：一是美国充分利用了 19 世纪末英德海军争霸成为国际主要矛盾的间隙，避免正面与霸权国冲突。尽管美国 19 世纪 90 年代海军加速扩张，但其全球事务的影响力还基本局限在加勒比海、太平洋等权力边缘区域；二是借欧洲陷入权力斗争的战乱之机，在经济、技术、文化、意识形态等领域通过国

---

① 阎学通,杨原.国际关系分析[M].2 版.北京:北京大学出版社,2013:122.

② 何顺果.全球化的历史考察[M].南昌:江西人民出版社,2010:284.

③ DEHIO,T.Tie PrecaWoMS Balance,p.118,转引自:时殷弘.20 世纪回顾,新趋势·新格局·新规范[M].北京:法律出版社,2000:27.

际会展等宣传窗口,对外树立了友好开放、积极进步的良好国际形象,从而占领了国际道义和话语权的制高点,获得了软实力上的不对称优势,这种战略智慧与世纪之交的德国陷入与英国白热化的正面冲突和军事竞争形成了鲜明对照。

因而,英美霸权国间的权力转移并未出现武力对抗和军事挑战的激烈冲突,而是双方在利益妥协基础上的利益交换;两大新老霸权间的沟通过程及其效果实际上是在多方博弈环境下的产物,是大国实力消长带来的国际格局巨变的结果。从国家沟通角度来看,英美 20 世纪初的权力转移是逐步地通过经济贸易、技术分享、文化共享等柔性方式一步步完成的,这一阶段以世博会为主要沟通平台达成利益妥协,这种情况直至一战之后才逐步演进到政治军事领域的竞争。

特别要补充说明的是,至此美国通过主办标志性的两届世博会,利用相对和平的国际环境,充分展示了工业科技强国的形象,在经济、科技为主的领域初步实现了国家形象建构的战略目标。但随着西方列强瓜分殖民地和势力范围等竞争日趋激烈,以规模扩张为主的阶段已基本结束,国际格局开始进入一种列强内部利益重新分配的零和博弈状态,新老列强间的矛盾逐渐积累和激化,最终于 1914 年爆发了人类历史上的第一次世界大战。这场强国之间的战争给美国以新兴者的姿态进入争霸舞台创造了机会,它的孤立主义政策趋于结束,最终在 1917 年放弃了中立,帮助协约国参战,从而将工业第一强国的实力充分发挥出来,走进了国际舞台的中央;而传统欧洲列强因战争损耗实力大大削弱,受制于美国掌握战债赔偿问题的话语权,使得欧美间的霸权转移进一步加快,美国从经济贸易、科技文化领域对话语权的争夺开始转向军事、政治领域,以运用国际会议为主要手段,通过主导巴黎和会、华盛顿会议等争取国际话语权。但国际权力重心的转移并非一蹴而就:一方面,英法等传统欧洲列强并不情愿放弃主导地位,欧美双方在该时期的重要国际会议上发生了激烈的博弈,最终美国做出较多让步,双方达成利益妥协;另一方面,美国在首次突破孤立主义束缚、希望以理想主义模式重建世界秩序受挫后,从国际主义立场有所退缩,二三十年代重回孤立主义,最终导致国际失序,为爆发第二次世界大战埋下了伏笔。从这个意义上看,后续阶段以国际会议为主的话语权争夺以双方妥协告终,但会议沟通方式及其制度化的协商结果却意义深远,不仅为美国塑造了良好的国家形象、宣传国际主义的利益主张赢得了道义资源和话语影响力，也初步建构并规制了未来国际社会的基本框架及其发展路径，为美国建立霸权、重构国际秩序积累了宝贵经验、奠定了制度基础。

第五章　借鉴意义

一、历史研究的结论：
美国崛起需要发挥会展沟通功能应对国内外挑战

对比 20 世纪前后美国在对待国际会展活动上的态度转变与策略转型，结合它在 20 世纪上半叶迅速崛起的历史背景，本书认为这一历史现象既建立在国家战略决策者充分重视、民意积极回应的内部沟通基础上，也是美国对待自身利益与国际责任、国际社会发展间的关系等问题进行认真思考、利益权衡后的战略抉择，源于将会展作为一种战略工具的观念转型，还是国际社会不断成长、成熟和国际交往日趋密切的环境需求。这一成功案例对人类文明的进步、国际社会的沟通水平升级和人类交往方式的革新等，都产生了积极而深远的历史影响。美国案例所体现的会展关系建构功能具有如下趋势和特征。

世界历史进程表明，国家间交往的规模和层次呈现升级扩容趋势，从形式相对单一的双边贸易往来、主权冲突甚至军事对抗，过渡到形式日渐丰富的政治、经济、社会、文化多边交往、和平交往新阶段。近代以来的会展活动顺应了这一发展趋势，作为一种包容性强、容易掌控、更具可谋划性和弹性空间的国际沟通方式而愈受重视。一段时间内，欧美各国争相办会办展的历史记录，反映了国家间为避免代价巨大的战争手段所表现的现代智慧，彰显了人类文明在沟通手段与竞争方式上的历史进步性。会展平台的国际沟通、关系建构、权力博弈等功能，体现了现代世界沟通交往的模式创新，也是国际社会不断发展壮大和全球化不断加速的一种现实需要：从物质生产领域，扩展到国际话语权、影响力、关系网络节点等沟通交往领域。国际沟通交往走向多元化、符号化、全方位。重视会展活动是美国近代崛起的战略选择。这是一种建立在综合国力基础上的选择,旨在获取国际话语权,不断扩大沟通交往,形成有利于自身发展的体制机制。其间在承担国际责任上或积极或消极地左右摇摆,与美国的"天命论"思想和孤立主义政策传统等主观因素密切相关,但至多影响到会展沟通的具体形式,并没有影响到重视会展活动的选择本身。

美国成功案例体现了现代国家谋求新的发展模式的战略智慧。美国进入20世纪后一改以往仅仅停留在国际展览的参与者和国际政治会议"边缘人"的身份,高度重视并积极主动地组织会展活动,这种转变是经过内部各利益集团间相互博弈、上下阶层充分沟通、决策者利益权衡后,最终达成共识的结果;在此基础上,美国得以妥善处理与英国霸权、新兴的德国和日本等强权间的关系,赢得有利于国家发展的外部环境。它善于利用已有的国际规则和各类对话平台,强调大国合作、构筑利益共同体以减轻外部压力,而非急切地挑战霸权和颠覆既有体系,逐步将强大的国家实力转化为政治军事话语权,最终建构由它主导的国际制度与新的秩序框架,这一进程中的系列国际重大会议扮演了重要角色。

对比同期崛起的德国,因该问题上处理不善而遭遇了既有霸权国——英国主导下的全面抵制,最终选择军事对抗的强硬路线而被阻断了崛起进程;而美国的成功崛起从根本上则是因战略路径的选择顺应了以沟通、合作与共赢为主的国际社会发展大趋势的结果:巧妙发挥国际会展对外的沟通协商、利益妥协、权力博弈功能是它在崛起过程中慎重解决外部矛盾的现实需要,也是它志在夺取国际话语权、将以欧洲为权力中心的世界逐渐改造为美国主导的世界之必要手段。

二、现实价值和经验参照:会展沟通之于大国崛起的战略意义

(一)经验镜鉴:会展战略工具的历史角色

会展活动已经发展成为现代社会除战争手段以外,建构国际秩序、增进国际关系乃至推动国际社会不断发展的主要沟通载体和必要协商手段。在20世

纪不断加速的全球化、工业化历史背景下,美国崛起过程中对会展活动等沟通手段的高度重视和自觉运用是顺应这一历史趋势的结果,也充分体现了会展活动的沟通协商功能、关系建构功能以及现实影响力和历史推动力:美国政府一方面通过重在国内建设的世博会来凝聚共识、激励创新、提升产业竞争力乃至科技、文化等综合国力,加速了世界经济中心的转移;一方面通过国际性重要会议,与欧亚大国展开政治博弈和利益协商,以国际秩序重构的方式形塑了美国这一全球首个制度霸权国家,有效推进了英美之间的霸权转移。

但对比美国在国际会展组织方面所面临的诸如远离欧洲——国际会展热点和权力中心、原本国际社会的"边缘者"身份、地理偏远、成本巨大等先天劣势,这些会展功能的发挥和成果的取得需要国家决策者主动进行战略转型的决心和克服国内外各种阻力,如何运用并充分发挥会展沟通的功能并非易事。

具体而言,美国 20 世纪初努力转变民意主流的孤立主义观念、投入巨资组织办展、办会,是克服了国内分歧、国外抵制等一系列挑战后才得以推行的。而做好内部沟通是基础,具有战略导向意义,关系到美国国家发展定位、崛起的路径选择等问题。其中,主导美国外交政策的总统态度和言行,以及具有制掣作用的国会意见和民意基础,对不同时期美国运用何种会展战略工具,举办国际会展活动的目标定位、沟通对象、博弈策略都有关键影响。

(1)当国民心态趋于保守时,孤立主义思想中的注重经贸利益、回避与欧洲列强政治冲突成为决策的主要因素,美国则更可能运用世博会等国际展览活动作为沟通载体,通过输出国际公共产品等方式来塑造并强化全球经济中心、科技与文化创新中心的国际形象,借会展之机争夺经济话语权;但相比之下,此时尚缺乏积极参与国际政治会议、承担国际责任的意愿。

(2)当国民心态趋向支持美国积极对外扩张时,"天命论"思想则成为社会的主流心态,从而使美国采取与欧亚诸强更直接的政治博弈方式,主要是通过组织国际会议来谋取政治话语权。最终美国通过巴黎和会、华盛顿会议、大西洋宪章会议以及德黑兰、开罗、布雷顿森林、雅尔塔等数次会议,达成基于大国合作共赢的战后新秩序,加冕为世界首个"制度霸权"①。

---

① 门洪华.霸权之翼:美国国际制度战略[M].北京:北京大学出版社,2005:304.

（二）学术创新：会展沟通的传播学研究维度

传播学产生于 20 世纪现代社会人类交往的现实需求，因此被认为是"试图揭示生命世界的合作沟通机制，回答社会是如何运行的问题。"①在当下社会运行系统日趋复杂、不同领域相互交融和影响程度不断加深的趋势下，传播学研究也将日益趋向"开放学科大门，将传播研究回归到一个多学科融合的场域……因为人类的互动行为永恒。"②从这一学术视角出发，本书力图回归到社会科学关注人类交往现象的本位，将国家主体视为现代关系网络中的一员，从国际合作与沟通的视角对国家之间的会展交往活动加以解读，旨在推动建构一种基于传播学思维的会展沟通研究维度，将其会展沟通作为一种理论切入点：从"交往"的视野来理解和重建全球历史，考察会展活动的关系建构与秩序重构功能，因为"在人类历史上处于中心位置的，是各种相互交往的网络"③。

学术研究的现实价值在于：中国正处于相似的大国崛起进程之中，同样面临美国崛起时所遭遇的国际关系网络剧变及其相对既有霸权国的地位消长，自然也伴随着与"他者"或称为权力竞争对手的沟通、合作与博弈之过程。因此，会展沟通的功能与策略研究有必要进一步深入并上升到国家战略层面，为当下正在积极践行的、以国际会展活动为沟通平台和交往载体的国家战略提供理论支撑，呼唤对国际交往与传播理念上的理解、创新与升华，从策略层面对国家组织行为提供政府决策的理论指导与学术思想给养。

1. 国际权力理论及指标体系中的丰富：会展组织力应纳入指标体系

从目前权力相关理论的支撑来看，约瑟夫·奈提出的国家"软实力"概念、保罗·肯尼迪"大国兴衰论"基础上提出的"软权力"理论是主要相关的理论阐释工具，无论是"软实力""软权力"都意味着一种"吸引力、间接能力或罗织能力"④，从这一概念延伸开来，会展沟通平台的搭建恰恰是为强化霸权国在优势

---

① 吴飞.何处是家园[J].新闻记者,2014(9):40-47.

② 杜俊飞,周玉黎.传播学的解放[J].新闻记者,2014(9):33-39.

③ 约翰·麦克尼尔,威廉·麦克尼尔.人类之网:鸟瞰世界历史[M].王晋新,宋保军,等译.北京:北京大学出版社,2011:3.

④ JOSEPH S. NYE. The paradox of American power: why the world's only superpower can't go it alone[M].New York: Oxford University Press, 2002: 5-12;JOSEPH S. NYE. Soft power: the means to success in world politics [M].New York: Public Affairs, 2004:1-33.

资源上的内外吸引力、整合能力服务的。举办国际展会的目标正是一种"罗织"关系网络的行动,源于国家自信和实力基础,也为潜在的霸权竞争者"罗织"新的关系网络、加速世界权力中心转移,提供了战争手段以外的和平争霸路径,是一种服务于软实力建设目标的有效策略。国际会展活动助力了国际贸易网络建设、国际金融中心建设、国际制度建设、国际文化产品与价值观、理念的传播推广等建构现代国际霸权所必需的内容,这些多领域的内容不仅充实、巩固了国际关系网络的建构与发展,共同为国际霸权目标服务,也很好地诠释了英美20 世纪和平权力交接的历史,形塑了美国制度霸权的建构之路。

因此,国际会展理念、组织能力也可被视为一种奠定国际霸权、具有助力效用的重要指标,纳入考量一国的政治、经济、文化、社会发展等综合国力的指标体系当中,从国际会展活动的数量、频次、组织理念和水平、沟通成效、提供国际公共产品的现实收益等方面来考察它所对应的国际话语权、国际地位和影响力、国际社会发展的领导能力等指标,从而更系统、全面地衡量其崛起进程和霸权实现程度。

2. 福柯话语理论的延展与提升:会展话语服务于国家规训与霸权建构

福柯提出的"话语理论"认为,话语具有改变现实的力量,掌握了话语,就是掌控了改变主体认知以及主体间关系状态的"权力"。但这一结论更多建立在分析个体与社会权力相互对立的观念基础之上,在《知识考古学》《规训与惩罚》等著作中,强调现代社会以知识观念为载体的话语,其实践过程是对个体意识观念和社会行为的"规训",即话语体现为建立在关系基础上的"权力","是一种实践,是一个匿名的、历史的、有确定时空定位的规则体系。"[1]可以将异己的话语建构为他者,让它保持沉默,将它排斥和放逐,或者改造它,将它归为己用。所以"话语权是一种实践性的权力……最终以话语的力量对人体的运作加以精细的控制"。

基于福柯对现代社会与个体关系之间的"知识—话语—权力"的逻辑推导,本书认为他是从意识形态、现实利益和社会规制的视角解释了权力从何而来的问题。而在世界权力体系层面,也存在着这样一种以国家身份为权力主体之间的控制与被控制、规训与被规训的权力关系,在全球化、工业化的近代历史语境

---

① 马汉广.论福柯的启蒙批判[M].哈尔滨:黑龙江大学出版社,2014:233.

下,工业文明先进与落后国家之间、强弱国家之间的关系建构鲜明地体现在以国际会展为互动平台的交往过程之中,尤其反映在霸权国和从属国的关系上。

从这个意义上说,会展沟通同样是一种"话语实践":例如世博会在展会现场的沟通即是一种借助知识形态的话语或文化符号的集聚、交流方式,它既是一种依托不同国家展品符号为载体的知识分享、文化编码与解码的过程,更是一种体现工业文明价值导向、有利于工业强国对外输出国际公共产品、建构国际交往全球规则、谋求国际霸权的竞技场。以"文明、进步、创新"等为内容的世博主题,是一种推动工业化、全球化进程的知识(话语)生产,这种知识(话语)交流、传播的背后恰恰是受西方工业文明的权力运作所驱动的话语实践过程,要求各国参会、展示、竞技的方式必须服从展会设定的组织规则,认同西方工业文明的价值标准与竞争逻辑。由此可见,国际展会沟通过程本身正是一种在国际社会建构和发展语境下,"规训"在场的国家权力主体的话语生产、传播与实践过程。

因此,本书将原本并未出现在福柯理论视野当中的国家作为话语实践主体的研究对象,分析在国家组织和授意下的国际会展活动中,以展品符号,政治议题等形态出现的各种话语内容,研究它们所体现的国家意志及其背后的产业体系扩张、国家争霸战略需求等话语生产的内在逻辑,顺应全球化、工业化语境下国际社会不断成长、成熟所催生的理论创新需求,研究这些超越国家边界的权力话语——包括无国界的工业知识、产业技术乃至科学、民主、自由观念等更具穿透力的"话语"形态,如何发挥其国际关系建构功能,服务于霸权国乃至整个西方工业文明对其他国家主体行为、交往模式的规训与归化。

3. 国际关系建构理论的细化:会展沟通平台对关系网络的织结效应

无论是国际新现实主义、新自由主义或建构主义等主要理论流派,均聚焦于探讨国际竞争与合作过程中对国际关系的建构方式、效果问题。其观点趋向融合,都普遍肯定了大国力量的消长、国际大环境的交往逻辑等因素导致了大国间的合作、竞争或对抗态势,这不仅与该国在不同时期主动选择的发展路径、策略密切相关,也受国际关系网络中其他利益攸关方的认知态度和行为反馈影响。从美国的成功崛起、战胜同期的德日竞争对手这一历史结果来看,对外沟通、博弈的成效取决于一国在崛起过程中能否为各国提供有吸引力的公共产品或现实利益,这对降低外部敌意或抵制、达成妥协、形成利益共同体有关键影响,也关系到崛起国在不同阶段能否妥善地解决好主要矛盾、赢得进一步的发展空间。

而国际会展活动所使用的"话语",正是国家选择以何种方式表达利益诉求、应对国际矛盾的关键要素,很大程度上决定了国际沟通与博弈的成败。因为会展活动可被视为国家在内外部各种力量、不同层次的权力主体之间编织一张利益之网的"梭子",具有强大的资源整合效应和关系建构功能:

首先,诸如世博会等国际展览平台营造了一张动态的利益关系网络,将国内企业、民众、各个阶层联结起来,分享内容、促进合作、凝聚人心、提升国力;同时也将不同国家在此时空场域内集聚起来,相互沟通与学习、展开竞技与加冕,以增进理解、促成共识,因此国际展览不失为一项有效的关系建构与协调工具。

其次,诸如华盛顿会议、雅尔塔会议等国际会议是一种直接的权力博弈平台,国家层面的权力主体间通过这种高效的沟通方式与建构利益共同体的和平对话过程,见证了大国崛起带来的权力地位消长,并为霸权的形成提供了正式的秩序安排认可与持久的制度保障。

最后,如何运用国际会议或国际展览两种战略对话工具为国家崛起服务,不同历史时期也应各有侧重。20 世纪以来全球化、工业化趋势不断加速,美国崛起之路虽有政策方针上的反复,经常在孤立主义与国际主义路线之间摇摆,但总体上对会展沟通工具的重视、策略定位与组织运用效果是成功的,既体现了其领导者顶层设计思想和国家智慧,也反映出精英阶层与各个利益集团、美国民众乃至各个大国之间围绕利益关系、寻求和平协商、力争达成共识的沟通与劝服技巧,所积累的会展沟通经验为我们今日中国的大国崛起之路提供了有益的历史镜鉴。

参考文献

[1] 爱弥尔·涂尔干.宗教生活的基本形式[M].渠东,汲喆,译.上海:上海人民出版社,2006.

[2] 阿诺德·汤因比.历史研究[M].郭小凌,王皖强,译.上海:上海人民出版社,2005.

[3] 布林·莫利斯.宗教人类学[M].周国黎,译.北京:今日中国出版社,1992.

[4] 本尼迪克特·安德森.想象的共同体——民族主义的起源与散布[M].吴叡人,译.上海:上海世纪出版集团,2005.

[5] 白佐良,马西尼.意大利与中国[M].萧晓玲,白玉昆,译.北京:商务印书馆,2002.

[6] 毕一鸣.如何报道新世纪的科学盛典——关于上海世博会"媒介仪式"的思考[J].中国广播,2010(6):4-8.

[7] 陈琪.中国参与巴拿马太平洋博览会纪实[M].杭州:浙江大学历史系资料室藏书,1916.

[8] 陈力丹,钱婕.外国新闻传播史[M].北京:中国人民大学出版社,2012.

[9] 曹慕管.历届国货展览会之经过[J].中华国货展览会纪念特刊,1928(11):1-9.

[10] 陈力丹.传播是信息的传递,还是一种仪式?[J].国际新闻界,2008(8):47.

[11] 崔新建.文化认同及其根源[J].北京师范大学学报,2004(4):25.

[12] 丹尼尔·戴扬,邱林川,陈韬文."媒介事件"概念的演变[J].传播与社会学刊,2009(9):1-18.

［13］丁晓珊.框架理论视角下的上海世博会新闻报道研究［D］.上海：上海师范大学,2011.

［14］戴元光.传播学原理与应用［M］.兰州：兰州大学出版社,1988.

［15］丁长清.中国与世博会三部曲（一）解说世博会［M］.北京：清华大学出版社,2009.

［16］丹尼尔·戴扬,伊莱休·卡茨.媒介事件：历史的现场直播［M］.麻争旗,译.北京：北京广播学院出版社,2000.

［17］德波.景观社会［M］.王昭风,译.南京：南京大学出版社,2006.

［18］戴安娜·克兰.文化社会学［M］.王小章,郑震,译.南京：南京大学出版社,2006.

［19］戴维·莫利,凯文·罗宾斯.认同的空间——全球媒介、电子世界景观与文化边界［M］.司艳,译.南京：南京大学出版社,2001.

［20］E.霍布斯鲍姆,T.兰格.传统的发明［M］.顾杭,译.南京：译林出版社,2004.

［21］费正清.剑桥中国晚清史（下卷）［M］.北京：中国社会科学出版社,1985.

［22］方汉奇.中国新闻事业通史［M］.北京：中国人民大学出版社,1992.

［23］弗雷泽.金枝［M］.西安：陕西师范大学出版社,2006.

［24］范热内普.过渡礼仪［M］.张举义,译.北京：商务印书馆,2012.

［25］菲奥纳·鲍伊.宗教人类学［M］.金泽,何其敏,译.北京：中国人民大学出版社,2004.

［26］费正清.剑桥中国晚清史［M］.北京：中国社会科学出版社,1993.

［27］过聚荣.会展概论［M］.北京：高等教育出版社,2010:4.

［28］郭于华.仪式与社会变迁［M］.北京：社会科学文献出版社,2000.

［29］郭庆光.传播学教程［M］.北京：中国人民大学出版社,1999.

［30］龚书铎.社会变革与文化趋向——中国近代文化研究［M］.北京：北京师范大学出版社,2005.

［31］郭建斌.如何理解"媒介事件"和"传播的仪式观"——兼评《媒介事件》和《作为文化的传播》［J］.国际新闻界,2014(4):6-19.

［32］洪振强,艾险峰.论晚清社会对博览会的观念认知［J］.学术研究,2009(2):101-108+160.

［33］洪振强.民族主义与近代中国博览会事业［D］.武汉：华中师范大学,2006.

［34］海勒. 文明的进程——世博会的发展与思考［M］.吴惠族,译.上海：上海科学技术文献出版社,2003.

［35］加洛潘. 20 世纪世界博览会与国际展览局［M］.钱培鑫,译.上海：上海科学技术文献出版社,2005.

［36］吉尔伯特・罗兹曼.中国的现代化［M］.国家社会科学基金比较现代化课题组,译.南京：江苏人民出版社,1998.

［37］克利福德・格尔茨.文化的解释［M］.韩莉,译.南京：译林出版社,2008.

［38］柯林斯.互动仪式链［M］.林聚任,译.北京：商务印书馆,2009.

［39］李良荣.当代世界新闻事业［M］.北京：中国人民大学出版社,2002.

［40］罗荣渠.现代化新论［M］.北京：北京大学出版社,1998.

［41］廖圣清.上海世博传播效果研究——以上海大学生为研究对象［J］.新闻大学,2011(4)：119－127.

［42］罗靖.近代中国参加世博会的里程碑——《出洋赛会通行简章》简析［J］.社会科学家,2009(6)：35－37.

［43］马敏.博览会与近代中国［M］.武汉：华中师范大学出版社,2010.

［44］马敏.寓乐于会：近代博览会与大众娱乐［J］. 史学月刊,2010(1)：91－100.

［45］马敏.中国近代博览会事业与科技、文化传播［J］.历史研究,2004(9)：98－117.

［46］马克斯・韦伯.经济与历史,支配的类型［M］.康乐,译.桂林：广西师范大学出版社,2010.

［47］马尔凯.科学与知识社会学［M］.林聚任,等译.北京：东方出版社,2001.

［48］马林诺夫斯基.文化论［M］.费孝通,译.北京：中国民间文艺出版社,1987：61－70.

［49］潘海林."一个世纪的进步"——1933 年芝加哥世博会主题表达的研究［D］.上海：华东师范大学,2007.

［50］彭兆荣.人类学仪式的理论与实践［M］.北京：民族出版社,2007.

［51］彭树智.文明交往论［M］.西安：陕西人民出版社,2002.

［52］祁晓娣,李挺. 接触、融合与扩展：上海世博的跨文化传播解读［J］. 新闻

世界,2011(6):274 - 275.

[53] 乔兆红.中国近代博览会事业的发生与发展[J].上海经济研究,2005(8):
     89 - 96.

[54] 乔兆红.世界博览会与世界历史整体发展[J].社会科学,2011(4):
     158 -167.

[55] 邵培仁,范红霞.传播仪式与中国文化认同的重塑[J].当代传播,2010(3):
     15 - 18.

[56] 沈荟. 历史记录中的想象与真实——第一份驻华美式报纸《大陆报》缘起
     探究[J].新闻与传播研究,2014(2):112 - 128.

[57] 石义彬,熊慧. 媒介仪式、空间与文化认同:符号权力的批判性观照与诠
     释[J]. 湖北社会科学, 2008(2): 19 - 22.

[58] 史轩楚.走进世博会.1876 年,清政府第一次派团参加美国费城世博会[J].
     求是杂志,2002(7):63.

[59] 宋茂翠.晚清海关与世博会[D].北京:中国人民大学,2005.

[60] 孙瑞红,叶欣梁.上海世博会营销模式分析研究[J].旅游科学,2004(4):
     28 - 33.

[61] 史蒂芬·康恩.博物馆与美国的智识生活,1876—1926[M].王宇田,译.上
     海:上海三联书店,2012.

[62] 苏珊.一个预置的紫禁城? ——记 1915 年中华民国参加巴拿马太平洋世
     博会[M].肖笛,译.上海:同济大学出版社,2009.

[63] 田利,王莉莉.纸上观世博——世博出版物综览及世博建筑文化传播意义
     之反思[J].新建筑,2011(1):24 - 30.

[64] 吴建中.世博文化解读:进步创新交流[M].上海:上海大学出版社,2009.

[65] 王芳芳. 意识形态在中美上海世博会英文报道中的语言体现[D]. 上海:
     上海师范大学,2011.

[66] 王水卿.民国时期中国与世博会关系研究[D].长沙:湖南师范大学.2007.

[67] 魏文静.明清迎神赛会屡禁不止与商业化——以江南迎神赛会经济功能
     为中心的探讨[J].历史教学,2009(14):27 - 34.

[68] 维克多·特纳.象征之林——恩登布人仪式散论[M].赵玉燕,欧阳敏,徐

洪峰,译.北京:商务印书馆,2006.

[69] 谢琰.论媒介事件的仪式化——以北京奥运会开幕式、上海世博会开幕式为范本[D].长沙:湖南师范大学,2011.

[70] 杨剑龙.科学技术与人文内涵的融会——从巴黎世博会到上海世博会[J].社会科学,2010(4):173-192.

[71] 叶苗乐. 媒介仪式:上海世博会开幕式及其媒介呈现探析[J]. 新闻传播,2011(3):204-206.

[72] 张敏.中国会展研究30年文选[M].上海:上海交通大学出版社,2009.

[73] 张昆.简明世界新闻通史[M].武汉:武汉大学出版社,1994.

[74] 查灿长.现代广告与城市文化[M].上海:上海三联书店,2014.

[75] 张涛甫. 世博会:文化传播的竞技场——兼论2010年上海世博会的跨文化传播意义[J]. 新闻记者,2010(11):4-9.

[76] 周进,张勇.世博会的商业设计[J].商场现代化,2008(2):47.

[77] 周潇潇.《解放日报》上海世博会会展报道研究[D].保定:河北大学,2011.

[78] 张耀华.晚清时期世博会法律规章历史研究[C]//上海市社会科学界第七届学术年会论文集.2009:480-484.

[79] 詹姆斯·W.凯瑞.作为文化的传播[M].丁末,译.北京:华夏出版社,2005.

[80] BURTON BENEDICT. The anthropology of world's fairs — San Francisco's Panama Pacific International Exposition of 1915[M]. Lowie Museum of Anthropology, Scolar Press Berkeley, Calif, London, Berkeley, 1983.

[81] CARL CROW. China takes her place[M]. Harper and Brothers, 1944.

[82] CHRISTOPHER LASCH. The culture of Narcissism:American life in an age of diminishing expectations[M]. New York:WarnerBooks, 1991.

[83] [日]东田雅博. ウイクトリア朝英国における世界観——万博と"文化帝国主义"M. Tohda, Shigaku-kenkyukai. A world view in the Victorian England[J]. Review of historical studies, 1986, 170(2):42.

[84] DAYAN. Beyond media events:disenchantment, derailment, disruption [M]. In M. Price & D. Dayan (Eds). Owning the Olympics: Narratives

of the New China. Ann Arbor, MI: The University of Michigan Press, 2008:391 - 402.

[85] DURKHEIM, EMILE. The elementary forms of religious Life[M]. New York:Free Press, 1965.

[86] ELSBETH E. HEAMAN. The inglorious arts of peace: exhibitions in Canadian society during the nineteenth century[M]. London: University of Toronto Press, 1999.

[87] GOFFMAN. Behavior in public places:notes on the social organization of gatherings[M]. New York:Free Press, 1963.

[88] GRIMES, R. L. Rite out of place: ritual, media, and the arts[M]. Oxford: Oxford University Press, 2006.

[89] HAROLD M. MAYER and RICHARD C. WADE. Chicago: growth of a metropolis[M]. Chicago University Press,1973.

[90] JACKSON LEARS. Rebirth of a Nation. The making of modern American,1877—1920[M]. Harper Collins Publishers, 2009.

[91] JOHN FOORD. Annual report of the secretary[J]. Journal of the American Asiatic Association, 1909(11):293.

[92] KATZ, E. The end of television? [J]. The annals of the American academy of political and social science, 2009 (625).

[93] KEITH WALDEN. Becoming modern in Toronto: The industrial exhibition and the shaping of a late victorian culture[M]. University of Toronto Press, 1997.

[94] MACAlOON. J. J. Cultural performances, cultural theory//in J. J. MacAloon(ed.). Festival, spectacle: rehearsals toward a theory of cultural performance [M]. Philadelphia: Institute for the Study of Human issues, 1984.

[95] NICK COULDRY, ANDREAS HEPP, FRIEDRICH KROTZ. Media events in a global age[M]. Routledge, 2009.

[96] NORTHROP, HENRY DAVENPORT, BABKS, NANCY HUSTON.

Pictorial history of the World Columbian Exposition[M]. National Pub. Co., 1893.

[97] P. BOURDIEU，L. D. WACQUART. An invitation to reflexive sociology[M]. The University of Chicago Press，1992.

[98] PAUL GREENHALGH. Ephemeral Vistas，the Expositions Universelles，Great Exhibitions and World's Fairs，1851—1939[M]. Manchester University Press，1991.

索　引

后　记

　　光阴荏苒,岁月如梭。当书稿付梓之时,距我踏上会展研究之路已有十载。2011年秋,正在中国计量大学从教的我有幸师从上海大学张敏教授门下,开始攻读会展研究方向的传播学博士,同时在上海会展研究院兼任调研工作。求学期间,得益于身处上海加速建设全球会展之都的大环境,以及研究院同门们勠力同心、蒸蒸日上的创业氛围,使我在这个全新专业领域的学习与探索充满了欣喜与充实感。本部拙作正是我在博士论文基础上深入推进的成果之一,每每回想起来颇感欣慰。

　　学术研究的过程必然是荆棘丛生的:从最初40万字的草稿再到24万字,最终近13万字的反复推敲与自我否定,历经十余稿的淬炼,这部书稿承载的是我寒窗数载生涯的温暖记忆。同时,愧于才学不佳、笔力不足,我还是希望藉此敬谢导师在花甲之年仍为会展学科、服务大国方略而不懈奋战的执着与期盼!当然,还要感谢我从教于中国计量大学的领导和同事们的鼎力相助。

　　最后谨以此书献给我的母亲、父亲、妻子和可爱顽皮的魏鹏泽,寒窗十载中我已亏欠家人太多太多,潜心治学与岁月静好离不开他们的负重前行!这场学术求索的人生苦旅应有他们大半的功劳!

　　2025,未来已来,唯有在感恩中砥砺前行,不负重托……

庚子岁于杭州西湖